好きなことして、
楽しくリッチになる方法

働かない働き方☆

佳川奈未

Nami Yoshikawa

トランスワールドジャパン株式会社

あの日、憧れていた
好きなことが
いまこうして、仕事になっている!

希望に満ちる「まえがき」

あなたは、もっと自由に、楽しく、やっていける！

わくわくするところに、
すべての宝物は隠されている♪

この本は、「もう、会社になんか行きたくない！」「仕事をやめたい！」「もう、何もしたくない」「働くのは苦痛なだけだ！」「いっそ、好きなことだけして暮らしたい！」と、そんな悲痛な〝心の叫び〟をあげている人のために書きました。

また、「いまの仕事が自分にあっているのかどうかわからない」「他に何かもっといい仕事はないのか？」「働いても、働いても、家計は火の車！　こんな生活もういやだ！」「家族と一緒にご飯も食べられないような仕事人生に、もはや疑問を持ち始めている」「もっと楽に、稼げる方法はあるのか?」「自分にぴったりの良い転職先はないのか?」「私の天職は? いったい、これから何をすればいい?」

と、そんなふうに考えている人たちのためにも、是非にと。

ついでに、「ぼちぼち、ニート生活にピリオドを打ち、何か自分にできることを探してみたいなぁ~」と、ちょっと前に進む気持ちになった方にも。

とにかく、本書をきっかけに、自分にとっての最善の場所へと向かっていただきたい!

そもそも、これを書くきっかけになったのは、私自身、4年前、体力と精神の限界まで仕事をし過ぎて、死にかけたことがあったからです。あの時、私は、余命一夜を宣告されるほどの危険な状態でした。

そして、その際、死の淵で、こんな不思議な声を聴いたのです。

「心と体と魂に優しい生き方をしなさい……」
それは、私が、実際に、仕事のしかたと働き方と生き方を、あらためるきっかけともなった慈愛に満ちたメッセージでした。

その体験で目覚めた私は、退院後、素直にそうすべく、自分をもっと楽にさせる働き方と、癒される生き方をし始めました。「辛いものなど、もう何もいらない！」と、いろんなものを手放して！

そして、それは正解でした♪

ところが、自分がようやく楽になってきたというそのとき、今度は、私の息子もまた、まじめに、まじめに、会社のために！　と働き過ぎたことがあだとなり、倒れたのです。月170時間もの残業続きの過労によって体を壊し、ドクターストップがかかり、退職を余儀なくされたのです。20代という若さにもかかわらず。
彼は一時期、生きる力も希望も失い、おかしくなりかけていました。そして、その心と体を復活させるのに、とても長い年月がかかりました。

そして、そのあとどれくらいした頃か、今度はテレビで、ある大企業の過酷な労働問題により、ひとりの女性が自殺したというニュースが大きく報道されたのです。

そんなことは、本来、絶対にあってはならないことです！

心優しい人、おとなしい人、人より努力する人、責任感の強い人の、「まじめに働いた代償」が、病気や職を失うことや自殺だなんて、おかしいのです！

辛い仕事や、まちがった働き方や、不本意な生き方をしている暇など、もう、誰にもないのです。

その、お伝えしたい大切なことのすべてを、働く万人・働くのがいやになった万人すべてに、捧げます！　前述のような人にはもちろん、次のような方にも……

・いまの仕事がいやで、いやで、仕方ない人
・渋々会社に足を運んでいる人
・朝ベッドからなかなか出られず、月曜日が憂鬱という人
・お金のために、生活のためにという理由で、
したくもない仕事をがまんしてやり続けている人
・連日、長時間残業の過労状態で、ふつうの生活もままならない人
・ストレスで、精神をやられている人
・もはや、体力の限界を感じている人
・仕事三昧で、すでにどこか具合が悪くなっている人
・あのいやなセクハラ上司と、意地悪なお局のせいで、
仕事どころではなく、何のために会社に行くのか意味すら失っている人
・夜な夜な「悪夢」にうなされている人
・もはや、働く希望を失っている人
・いや、もう、完全にすでに出社拒否状態という人
・へたすると、自分もいつか自殺しそうだという危うい人

・もう、会社になんか行きたくない！　助けて!!!　と、いまそこで叫んでいる人
・もう、何もしたくない！　と、すべてを放棄したくなっている人

ついでに、
・いっそ、遊んで暮らせたら、どんなにいいだろう♪
と、そんな夢を叶えたい人にも、ぜひ、手に取っていただけると幸いです。

もう、イヤな仕事や、辛い働き方など、しなくていい！

あなたが笑顔で元気にいられる働き方や、好きなことや、趣味のような、「まるで、遊んでいるみたいに、毎日が楽しい！」ということを生活の糧にしてもいいのです。いっそ、「遊んで暮らす」という、そんな生き方を叶えたっていいのです！

いまこそ、誰もが心身ともに健全で、快適で、「幸せな働き方」を選択するときです！

渋々やる仕事から自由になり、自分らしく輝ける、楽しい「幸せな働き方」を叶えてもいいときです。

その「幸せな働き方」って、いったい、どういうもの？　いまある現実から、どうやって移行すればいい？

それを、ここから、本文で、楽しくお伝えしていきましょう！

２０１８年５月

ミラクルハッピー佳川奈未

働かない働き方☆

もくじ

Chapter 2☆

好きなことして、リッチになる！……65

――楽しいこと、おもしろいことをすれば、すべてが自動的に潤う☆

Chapter 3☆

Chapter 4☆

癒されながら、前進する♪

Chapter 5☆

ハッピースタイルを叶える
――のびのび、ゆる～く☆〝理想の領域〟に入っていく方法……161

Chapter

1☆

もう、
必死で働かない！

辛いのはあわない証拠?
楽しい“あう場所”をみつける！

いまいるところに満足していますか？

あなたの〝本当の仕事〟とは!?
まさに、その答えがここにある！

あなたはいま、好きな仕事についていますか？　その会社を気に入っていますか？　その働き方に満足していますか？

もはや、いまいる場所に、興味がうせ、抵抗や摩擦を感じ、エネルギーを奪われるだけで、何もうまくいかないというのなら、本当に自分が〝もっとイキイキできるふさわしい場所〟について本気でみつめてもいいのかもしれません。

また、いまの仕事や働き方に目新しさがなくなり、しなくてはならないことのようになっていて、続けるのが困難に思うなら、いつでも自分の新しい飛躍のために、〝コース変更〟することが可能です！

いやいや働き、渋々毎日を過ごし、ストレスと重圧で、心も体も魂もボロボロになったあと、定年になってから「こんなはずではなかった！」と気づいても遅いというものです。

あなたは、どういう仕事につき、どういう働き方をし、どんなお金をどれくらい手にし、それによってどういう気持ちで毎日を過ごし、どんな人生を叶えたいですか？　何を得たいですか？

仕事というのは、人生の大半の時間を費やすものだけに、それによって〝どんな人生になるのか〟が違ってきます！　「働くこと＝人生そのもの」であると、いえるところもあるものです。

そのとき、仕事や働き方が辛いだけのものだとしたら、何のための、誰のための人生なのかわかりません。しかも、あなたが仕事を追いかけるのではなく、仕事があなたを追いかけ、押しつぶそうとしているというのなら、本末転倒です！

仕事や働き方の犠牲者にならず、好きなことや、楽しいことをして、よろこんで、快適に、自由に、うまくいっている人はこの世にたくさんいます。あるいは、自分自身は働かず、お金や人を動かすことで、大きく潤っている人も。

覚えておきたいことは、あなたは毎日いやなことをするためにここにいるのではなく、よろこびから生き、幸せになるためにここにいるということです！

そして、それこそが、あなたの本当の仕事なのです！

転身のきっかけは、日常に落ちている

仕事は誰のためのもの？
あなたにやれる、もっと「いいこと」がある！

本書のテーマである、「働かない働き方」を叶えるために、最初に、覚えておいてほしいことは、「働くのはいいが、あわない仕事は苦痛と忍耐を要するだけ」「働くのはいいが、イヤイヤやるのは不幸のもと」だということです。

また、「働くのはいいが、働き過ぎは壊れるもと！」

そして、むしろ、「働きすぎないほうが、かえって豊かに生きられる♪」「いっそ、好きなことをするほうが、もっとパワフルになれる分、さらにリッチになれる♪」ということです。

自分らしい仕事、満足いく働き方をしていれば、それが会社勤めであれ、起業するのであれ、あなたはもっとイキイキ輝き、人生バラ色を叶えられます！

さて、ここでは、辛い仕事から抜け出し、理想のライフワークを叶えた20代の女性Aさんのエピソードをお伝えしましょう。

その、ハッピーな転身物語を通して、「働かない働き方」について、あなたなりにぜひみつめていただきたい！

Aさんは、かつて、システムエンジニアの仕事をしていました。しかし、連日の長時間残業とストレスと過労で、うつ病になり、会社勤務が続けられなくなったのです。

しかし、それがきっかけで、自分の大好きな宝石をさわり、楽しみながら、生活の糧を得るという人生を叶えることができたのです！　しかも、手にした額は、ＯＬか時代とは比べ物にならないほどのもので、なんと！　ひとりで年商４億円!!

手取り23万円のＯＬから、億万長者になった過程は、話を聞いてみると、本当に無理のない、ごくごくふつうの流れでした。

Aさんは、大学卒業後、ある大きな会社に就職し、そこでシステムエンジニアとして4年ほど働いていたわけですが、会社に入る前は、アフター5は友達と食事をしたり、彼とデートをしたり、映画を観たりと、充実した社会人生活ができると思っていました。

しかし、現実は、毎日毎日時間に追われ、一日の終わりには、へとへとになって帰ってくる状態があるだけでした。

そんな状態が長く続いたせいで、いつからか心を病み、精神科でうつ病と診断され、薬を飲むほどにまで追い詰められていったのです。

しかし、それでもなんとかがんばろうと、自分を励まし、そのための、「ごほうび」にダイヤモンドを自分にプレゼントしたいとも思っていたのです。

そうすれば、辛い仕事の日々も、何か少しくらい気持ちも明るくなり、明日へと続けられるかもしれないと。

そうして、ボーナスが出るとすぐにあるショップに行ってみたのです。が、ほしかったダイヤモンドは彼女が思っていたよりも値段が高く、ボーナス全部はたいても買えないほどでした。その現実に、一気にどっと疲れがあふれ出し、どこか絶望したような気分になったといいます。

「毎日、こんなに暗くなるまで、身を粉にして必死で働いても、小さなダイヤモンドひとつ自分には買えないなんて……一体、なんのために、ここまでして仕事をしているのだろう」と。

けれども、ずっと憧れていただけに、Ａさんはダイヤモンドをあきらめることができませんでした。こんなにもほしいのに、あまりにも高いので、なぜそれはそんなに高いのかと、いろんなことを調べるようになったのです。

すると、ダイヤモンドの産地は限られており、また、なかなか大きなものは採れず、日本に入ってくるまでにたくさんの国や人を介し、さまざまな加工がなされ、多くの費用がかかるため、個人が買う段階のところまできたときにはとても高くなるのだと、わかったのです。

「これじゃ、私だけでなく、私と同じくらいの年代の若い女の子たちにも、買えやしないわ……。よし、それなら自分で何とかしよう！」と、突如、ダイヤモンドの産地に旅行に出ることにしたのです。

ちょうど仕事のし過ぎで、心身がボロボロになっていくのを感じていたこともあり、その旅行はきっと自分を癒せるものになるに違いないと。

そうして、その旅行中、あるダイヤモンドの産地の中にある小さなお店にたどり着いたのです。そこで、形の不揃いなダイヤモンドや、小粒のものたちが、日本では考えられないような低価格で売られているのを偶然みつけたのです！

それに感動したAさんは、両手いっぱいにそのダイヤを買って帰ってきました。

それは、ダイヤモンドの品質基準の低いレベルのものでした。が、そうはいっても、ダイヤモンドはダイヤモンド！　やはり、キラッと光る魅力は健在！　それは、日本では考えられない、感動的安価でした。

それを買って帰って来て、ながめているとき、彼女は、ふと、こんなことを思いついたのです。「そうだ！ これをネックレスにできないかしら？ 小さな石でも、素敵かも！」と。


そうして、さっそく、試作品をつくってみたのです。それを身につけていると、友人たちが「あら、素敵！ ダイヤのネックレスなんて、おしゃれね！ 私もほしいわ、どこで買ったの？」と、興味深く聞いてきたといいます。

自分がつくったものだと話すと、友人は、「他にもほしい人がいるかもよ、もしかしたら、売れるんじゃない？」と。


それは、本当に小さなダイヤが、ポツンとついている程度のシンプルなものでした。けれども、友人の言葉で閃《ひらめ》いた彼女は、それを20個ほど製作し、とあるデパートに持ちこみ、こう相談してみたのです。

「これは、私の手作りのオリジナルのブランドです。同じものはないので、貴重です。売れるかどうかわかりませんが、置かせてもらえませんか？」と。

するとその担当者は親切に話を聞いてくれ、こういってくれたといいます。

「それなら、本当に小さなスペースでも良ければ、２週間だけということで」と。


すると、それが、たちまち売り切れに！

その結果を見たデパートの人が、今度はAさんに連絡してきたのです。「もし、まだ商品があるなら、もう少し、置いてみませんか？」と。この思いもよらぬ展開と、売れたということに自信を持った彼女は、「私の道は、これだ！」と確信し、会社を辞めたのです。


その後、商品をさらに多く製作し、置いてもらう店舗も増やしていったことで、売り上げは徐々に伸びていきました。

彼女は、いま、自分にとって興味の尽きないダイヤモンドにかかわり、毎日をエンジョイし、働くよろこびを心から感じているということです。

自分を救うとき、道は現われる

もう、何もできない☆　だからこそ、それが現われあなたを導いた♪

ときには、働きたくても、思うように働けず、そんな自分を救うことだけを考える以外、もう、何もできないという状況になることもあるものです。

そうして、**〝自分を救うことしか、いまは他に何もできない〟という辛い状況が、突如、自分自身やまわりの誰かをまるごと救ってしまうような、尊い仕事を見出すことがあります！**

ここでは、小さい頃からアトピー性皮膚炎を患っていたYさんが、働けなくなり、それをきっかけに、ある意味、働かなくてもよくなった、そんな仕事を成功させたエピソードをご紹介しましょう！

Yさんは、最初、事務の仕事をしていました。しかし、昔からのアトピーで、仕事中もかゆみに襲われると、たちまち気が散って、まともに仕事ができない状態になるのでした。秋から冬にかけては、肌が乾燥するうえ、社内には暖房がかかり、その影響で、ひどいかゆみと、かきむしるしかできない状態があり、肌はひどくただれて、仕事にもならなくなってしまうのでした。

肌をなんとかしたいと昔から思うものの、どんなにいいといわれる薬やクリームを使っても、いっこうに良くなりませんでした。

また、どれほど医者を転々としても、なかなか症状は改善されず、「これは、治らないでしょう。一生、つきあっていくしかありません」といわれるばかりで、絶望するだけでした。

何年も何年も、この肌の苦しみから抜け出せず、そのせいで会社勤め自体、大変になっていました。

そして、ある日、とうとう、外出もできないくらいの皮膚状態になり、精神的にも追い詰められ、まったく仕事に行けなくなったのです。

家にいることになったものの、来る日も来る日もYさんが考えるのは、肌のことばかり。そんな毎日にいやけがさしたある日、Yさんはこう思うに至ったのです。「もう、こんな生活はいや！　誰も治してくれないというなら、私が自分で治すしかない！」

そうして、そこから、肌に関するいろんなことを調べ、アトピーにまつわる効果的なものを取り寄せ、自分の肌によさそうなものをみつけたいと、かたっぱしから試していったのです。

そんな中、ある植物が肌の炎症をおさえ、どんなに荒れた肌でも改善し、甦肌を叶えるというのを知り、その植物自体やその植物でつくられた製品を取り寄せたのです。

当時、特に石鹸はYさんにとっては酷なものでしかなく、市販の石鹸はまったく使用できず、使えば肌が悪化するのをくりかえすだけのものでした。

それゆえ、「まずは、美肌の基本の洗顔ともなる石鹸を良いものにすれば、肌はましになるのではないか？」と、その植物を使って、独自のレシピで、肌に優しい石鹸をつくり、使ってみたのです。

すると、それを使い始めて1週間もすると、肌の荒れがおさまり、調子がよくなっていったのです。これまでの石鹸のようにかゆみも出ないし、かさかさにもならず、むしろ、古い角質だけを取り除いて、肌自身を保護してくれているかのように、つるつるになっていったのです！

「これは、すごくいい！」と、その成分の持つ魔法力にとても驚きました。

そして、「肌の弱い私に使えるなら、ふつうの人にもいいかもしれない！」と、まわりの人たちにも、プレゼントしたのです。

そして、ある日、あまりにも肌の調子の良さがうれしくて、思わずYさんはその石鹸を自分のブログに載せたのです。「これで、アトピーが改善されました‼　私の手作りです♪」と。

すると、ブログをみたという人から「実は、私もアトピーで何年も苦しんでいます。もし、可能なら、その石鹸を私にも作ってもらえませんか？　もちろん、代金はお支払いますので」という連絡が、ポロポロ来るようになったのです。

そのブログの反応に、Yさんは、「もちろん！」と、すぐに快く応じました！

アトピーの辛さなら、誰よりもこの自分が一番よくわかっていたからです。

「私と同じように苦しんでいる人を、ひとりでも助けたい！　私で力になれるなら、手間を惜しまず、作ってあげたい！」と。

そのうち、問い合わせが1人、2人、……10人……100人と増えていき、口コミも加わり、遂には、手伝ってくれる友人たちと3人でフル稼働しても間に合わないくらいの注文や問い合わせが殺到！

そうして、こう思うに至ったのです。

「この世の中には、アトピーで苦しんでいて、肌に良い石鹸がほしいと探している人は、もっと多いのかもしれない！　それなら、これをちゃんと商品化すればいいのかも！」と。

そして、さっそく公式ＨＰをつくり、会社にし、本格的に動き出したのです。

思えば、それは最初、**自分が自分のために「肌を治してあげたい！　自分を救ってあげたい！」という思いでのみ作ったものでした。が、その思いが、自分だけでなく、他の多くの人たちをも、しっかり救うものとなったのです！**

仕事というのは、「人に仕える事」という漢字でできています。

まさに、このＹさんの仕事も、そういうものになったということです！

もし、あなたが、あなた自身を救うなら、あなたにも必ず正しい道が現われます！

「もう、なにもできない」と、自信喪失し、お先真っ暗に見えるときでも、あなたが自分を救わんと尽力するとき、あなたのためになるもの、ひいては誰かのためになるものが、しっかり現われ、あなたを導くのです！

人が、そうやって、よろこんで仕事をし、自分を生かし、他者を生かし、そこから社会に良いものを提供することができたなら、また、よろこびや豊かさをより良い形で循環させることができたなら、仕事はたんなる労働に終わらず、誰にとっても素晴らしい〝生き甲斐〟と〝宝物〟になっていくものです！

理想は、おおいに〝許可〟する

義務に従いますか？　それとも、
ここから自由を叶えますか？

「働かない働き方」を提唱する限り、自分もそうしていないと、おかしなことでしょう。ええ、ですから私も、そうしているわけですが♪

いや、だからといって、それが「偉い」ということではなく、「それによって私は「救われた」ということです！

かつての、「あわない仕事」「辛いこと」「ストレスでしかない会社」「エネルギーを奪われるだけのよろこびのない職場」を完全に離れたことで、自分の働き方と仕事を、理想的な形で叶えることができたわけです。

そんな私がいまやっていることは、心にあるものを書き記し、伝えたいことを講演会やセミナーで話すということです。好きな音楽にもかかわるべく、作詞もすれば、ディナーショーやライブで歌ったりもしています♪

自分がほしいと思うもので、かつ、どこにも売っていないものをつくりたいと、オリジナルグッズの企画・販売や、大好きな天然石も扱っています。

また、美容と健康にもかかわりたく、その外資系企業のビジネスオーナーもしています。

また、究極の趣味であるスピリチュアルな分野への探究も続けたく、それに関する知識や知恵や技術や能力の向上に日々つとめ、そのスピリチュアルをリアルな現実世界で役立てられるよう、講座やワークショップも催しています。

大好きな著名人や芸能人たちと会って話をしたり、食事をしたり、招待されたコンサートや舞台やパーティーに行ったりも！

こういうことが、ぜ～んぶ、いまの私の仕事なわけですが、もちろん、〝働いている〟という気は、まったくありません。好きなことをしているだけですから♪

本職は何ですか？　と聞かれれば、メインの仕事として「作家です」と、答えはしますが、毎日、好きなことをしているだけにすぎません。

こんなふうに、私があまりにもいろんなことをやるので、あるとき、知人が、勝手に何かを心配して、こういってきたことがありました。

「佳川さん、あなたは一体、何になりたいの？　何の仕事をしたいのですか？　作家業ですか？　商人ですか？　ヒーラーですか？　はっきりさせたほうがいいかもよ」と。

しかし、その言葉に、私はとても驚きました。なにをはっきりさせろと⁉　しかも、なぜ、やりたいことをひとつに絞る必要があるのだろうか、無限に好きなことをしてもいいと、私は自分に許可しているだけなのに！　と。

しかも、**私がなりたかったのは、ある意味、作家でも、商人でも、ヒーラーでもありません。なりたかったのは、〝本当の自分自身〟です！**

かつて、私は、辛いだけの仕事をして、自分を見失ってしまったことがありました。それゆえ、いまは、ただ、自分らしく生きていたいだけです。

まわりがどう思おうと、誰が何をいおうと、本当に、毎日、〃遊んでいるみたいに楽しい好きなこと〃しか、やっていません。しかも、3日以上は連続して働きません。3日仕事をしたら、1回お休みします。決めているのです！　そうしよう♪　と。

なにせ、まえがきでもチラッとお伝えしましたように、4年前に働きすぎで死にかけましたからねぇ〜。しっかり、働き方の反省と改善をしたわけですぅ。

それにしても、私が、どうして、こう自由になれたのかって？

答えは、そうすることを自分に「よし」と、許可したからです！

いつでも自分のする仕事は、義務ではなく、「許可する」ことで、好きなスタイルを叶えることができるのです！

誰も、義務や責任でのみ、働きたいわけではなく、自由に楽しんで生きていたいだけなのでしょうから、素直にそれを許可すればいいだけです。

その時、自分にはそういう才能がないからとか、自分はこの程度だからとか、そんなふうに思う必要はありません。自信もいりません。

ただ、自分が「そうしたいかどうか」だけが、重要なことだからです！

また、そのための方法がわからないなんて、そんなことをいうのはナンセンスです。というのも、あなたの働き方を理想のものに叶えるのは、なにかしらの特定の方法ではなく、「そうしたいから、そうする♪」という、自分の気持ち次第だからです！

心の叫びを、もっとちゃんと聞きなさい！

あなたのやりたいことくらい、
心も体も魂も、最初から知っている

こうして、私が、いまのような自由な働き方ができるのは、かつての仕事や働き方が、「自分にあっていない」「こんなの辛すぎる！」「やればやるほど、心も体もボロボロになる！」「何かがよけいに辛くなる！」「どんどん自分らしさが消えていく！」「もっと、幸せな働き方をしたい！」という、心の叫びがあったおかげです。

それがあったから、こうなれたのです♪

しかし、そういう心の叫びくらい、誰でも持っていることでしょう。それでも、どうに

もならない現実の中にいるというのは、その心の叫びを無視したままで生きている人が多いということです。

そして、心の叫びに対して、何もしていないということです。それゆえ、不本意な生活をいやというほど続けるしかないわけです。

ここで大事なことは、その〝心の叫び〟を聞くだけで終わってはいけないということです！

たんにボーッと〝聞く〟のではなく、それに対してもっと深くつっこんで自問自答し、強く主張してくるものたちをひろいあげ、それに素直に〝添う〟ことです！

そして、それに適《かな》った必要な変化を実際に起こさなくてはなりません！　それには、みかたが必要です！

みかたって、誰でしょうか？

ズバリ、あなたの〝本音の気持ち〟です！　あなたの〝魂〟です！

その〝本音〟をみかたにせず、一見まともそうに聞こえるけれど、どこかズレている、あなたにはあっていない、あなたの心を無視したまわりの意見や誰かの忠告、他人の価値観だけを聞くのだとしたら、どうなると思います？

きっとあなたは混乱し、よけい迷いが生じ、やがてまともに前に進めなくなり、すっかり自分を見失うことでしょう。

いいですか！　何でも、人に聞くまえに、自分の心に聞いてくださいよ。他人の意見などコロコロ変わる無責任なものです。ああだこうだというだけで、あなたの人生に何の責任も持ってくれません。

しかも、その人生を生きることになるのは、他でもない、あなた自身なわけですからねぇ～。

あなたが自分の信念として、なにか〝叶えたい生き方〟を心に持っているのだとしたら、そして、その声に寄り添い、動くならば、それが叶う日は必ずやって来ます！

それは、最初から、あなたの中の本物であり、あなたをしっかり導き、そこへゴールさせようという働きを持っているからです！

どのように仕事を探していましたか？

「仕事」「働き方」の選び方と「自分自身」を知った人から、成功する

「仕事」と「働き方」と「自分自身」を知らない人は、たいがい、仕事を決める基準が、どこかおかしなものです。

そのせいで、しょうに合っていない仕事に就き、汗水たらして、歯を食いしばって、忍耐するしかない、何のよろこびもない働き方をしています。

そういう人は、たいがい、求人募集や求人情報誌を見ては、「この会社は、安定しているだろう」「会社が大きいから、潰れないだろう」「ここに就職できるのは自慢できる」「世間体がよさそう」「給与が高い！」「家から近いから、便利」「ひまそうだから、居やすいか

も」などと、そんなことで会社選びをしているものです。

あるいは、他人から「あなたは、明るいから営業が向いているんじゃない?」「あそこは評判がいいらしいよ?」と聞かされたり、親から「文句をいわずに、雇ってくれるとこならどこでもいいから、行きなさい。どこも、しんどくて当たり前よ」などといわれたことを、うのみにしたりして。

自分の心が本当に求める条件など、最初から度外視されていて、限られた求人情報の中から、無理にどれかを選ばなくてはならないという状態で、しかたなしに、どこかの時点で何かを妥協したような「仕事選び」と「働き方」をしている人が多いものです。

はなから、「自分自身」の好きなことや、望む楽しい要素などないにもかかわらず、それが、ごくふつうの仕事選びだと勘違いして!

しかし、そんな仕事の選び方や働き方など、楽しいわけがなく、うまくいくわけもないのです。しかし、そんなことをしている人は、実に多いものです。そういったまちがった仕事選びと働き方をしている人は、たいがい、ある病にかかるものです。そうです！「辞めたい、辞めたい病」「死にたい、死にたい病」です。

自分の本音と心からよく話しあわず、頭の理論・理屈だけで選んだ仕事をした結果、人生が辛い方向へと向かっていくわけです。

「仕事」「働き方」「自分自身」をみるときには、〝やりたい仕事〟〝時間や気持ちに余裕の持てる働き方〟〝自分の心のよろこびあふれるものに沿う〟を叶えられるものを選ぶように、することとです！　そうすれば、それがあなたを成功させます！

というのも、そういうものにかかわると、あなたの中に心地よさと良質のエネルギーが生まれ、それがあなたをさらにパワフルにし、ポジティブに前に進ませるからです！

〝楽になれる選択〟をする

掛け持ちの仕事とダウンした現実が教えてくれた、宇宙の真実！

「仕事」と「働き方」と「自分自身」を知らなかった、かつての私は、あるとき、それらすべてを放棄するしかない最悪の状態に陥ったことがありました。そう、もう仕事を〝選ぶ権利すらない〟というところまで、追いやられたのです。

それはまだ私が〝天職〟である作家になる前の、〝転職〟だらけの時期の話です。

あるとき、私は、３人の子どもを抱え、生活費をひとりで稼がなくてはならない状況に追い込まれたのです。しかし、どこに行っても、子持ちの主婦にまともな仕事と給与を与えてくれるところはありませんでした。

まず、大きな会社や、名の通った会社は20社くらい受けても、すべて落とされました。面接のとき、やる気をアピールしようと、「残業も可能です！」「土日出勤もやります！」と自発的にいっても、提示された低い給与に「それで結構です！　やらせてください！」と力んでも、こういやみをいわれるのが関の山でした。

「いや、お子さんのいる方は、皆さん、最初、そうおっしゃいますけど、結局、なんだかんだで休むことが多いものでね……」と、はなから採用しないムード満々で。

ならば、しかたないと、大きな会社も正社員もあきらめ、今度は条件をもっとう〜んと下げて、「手っ取り早く職につけるところなら、もう、どこでもいい！」「いくつかの仕事を同時にこなせば、なんとかなる！」と思うに至り、誰もしたがらないような仕事や、勤務体制が酷な、３つの仕事を掛け持ちですることにしたのです。


幼い子どもを置いて仕事に出るのは、毎日、後ろ髪をひかれる思いで、なんともせつなく辛い気持ちでした。本当なら、いつもそばにいてやりたかったのですから。それでも、とにかくお金を稼がなきゃ！　と、自分を奮い立たせていました。生活安泰のために。

しかし、私ひとりが外に働きに出て、家の中のことも全部やり、きりきり舞いしながら、限界までがんばるのは、厳しすぎました。遂に、私はあるとき過労のせいで、道端で倒れ、救急車で運ばれたのです。

気がついたとき、私は病院のベッドにいました。その天井をみつめながら、私は、「朝から晩まで汗水たらして働いても生活は楽にならず、まったく豊かになれないとしたら、何が間違っているのだろうか……」と、そんなことばかり考えていました。

その頃の私は、まだその答えをはっきりとはわかっていませんでした。

が、私の心と体と魂は、その答えをすでにわかっていました。そうして、私の中に、こんな思いを浮かばせたのです。

「3つも掛け持ちで仕事をしても、辛いだけで生活は何も楽にならないというのなら、せめて、もう、心だけでも楽にしてやりたい……。

どのみち、何をしても食べていけないというのなら、いやなことをして苦しんで貧しいより、好きなことをして楽しく生きて貧しいほうが、まだましだ!」と。

その心の声は、素晴らしい正解と、宝物の人生を、私に与えてくれました！
そう、このことがきっかけで、私は迷わず「ものを書く世界」に入ることになったのですから！

本当に、私は書く世界に入ったとき、お金を稼げるかどうかなど、一切考えていませんでした。なにせ、自分の心を楽にさせようと、楽しく生きたいと選んだだけなのですから。
それが、これまで見たこともないような途方もないお金と豊かさと生きるよろこびと、その他の素晴らしい夢とチャンスと活躍の場を運んでくるとは、誰が想像できたでしょうか！

しかし、**それこそが、自分が自分を救ったときにのみ現われる、宇宙の救済であり、自然の摂理としてやってくる幸運なのです！**

ちなみに、自分を楽にさせるとは、心を楽にさせることです！
また、誤解のないようにお伝えしておきますと、自分を楽にさせるとは、なにも、自分を〝なまけもの〟に仕立て上げることではありません。

自分が必死にならなくても、歯を食いしばらなくても、我慢や忍耐をしなくても、いまの自分でいても、ごくごくふつうに、〝余力〟でできることをするということです。

仕事は、自分の余力でこなすことが大切で、余裕を持ってあたるからこそ、その仕事で成功できるわけです。

また、それこそが、あなたの精神にも、生き方にも、人生にも、お金にも、潤いをもたらす働き方なのです！

決して、自分をすり減らして、命からがらやるものではありません。

もう一度、ぴったりな会社を見つける

大会社かアットホームか!?
無理なく、居心地の良い場所で働く

ここでは、知人のMちゃんの仕事のシフトチェンジについて、エピソードをお伝えしましょう。

Mちゃんは、そもそも大企業で働くことに、プライドを持っていました。学生の頃は成績も優秀で、就職活動ではいろんな会社からいくつも内定をもらっていたほど。そして、海外と関わる仕事がしたいと、大きな貿易会社を選んだのです。

最初のうち、「いい会社に入れた！」とよろこんで仕事をしていました。が、入社して何年か経ったとき、最初に配属された部署にいた心優しい、親身になってなんでも相談できた人望のある上司が辞めることに。

そして、同時に、別の部署からきた人を新たな上司に持つことになったのです。
Mちゃんの悲劇はそこから始まりました。

新たに着任した上司は人の好き嫌いが激しく、理由もなく、Mちゃんを毛嫌いし、なにかと陰湿ないじめをしてくるようになったのです。

まじめに仕事をしていても、小さなことで重箱の隅をつつくように責め立て、ねちねち文句をいい、ことあるごとにいやみをいい、セクハラ、パワハラをしかけてきたのでした。

最初のうちは、「いやな奴」だと思うにとどめ、気にしないようにしていましたが、毎日のように続くそのネガティブな行為に、次第に精神的に大きなストレスがかかり始めていました。

そうして、あるときから、出社するのが苦痛に。会社でその上司の顔を見るだけで、吐き気がしたり、体に蕁麻疹《じんましん》が出るようになったのです。

耳をふさぎたくなるような言葉を聞かされることに毎日がまんしていたせいか、やがて耳に不調を覚え、医者に行ってみると難聴だという診断がなされたのでした。

医者は、「おそらく、会社のそのことが原因と思われます。あなたにとっては、かなりストレスになっていたのでしょう。環境を変えることはできますか？」

と、アドバイスをくれたといいます。

心や体がおかしくなることに恐怖を感じたMちゃんは、さっそく別の上司にその問題の上司のことを相談。しかし、移動は難しいとされ、やむなくそのままの状態に。

そんな辛い中、事件は起こりました。ある日、その問題の上司が、会社中に響きわたるような大きな声で、あることないことをいい、みんなの前でMちゃんを悪者にし、批判し、罵倒したのです。

これに相当なショックを受けたMちゃんは、とうとう会社を辞めることに。

辞めたあと、しばらくMちゃんは難聴の治療をし、できるだけストレスのない生活をすべく、リラックスして過ごすようにしました。

けれども、Mちゃんは、次の仕事についてもどうすべきかをずっと悩んでいました。29才という年齢にもなっており、いろんなことに揺れ動いていていました。

「このまま、また、再就職して、大きな会社を選んで入ったとしたら、たぶんそうかんたんに辞められないかもしれない。それに、いまつきあっている彼との結婚も気になる……結婚退社できるのが理想だけど……

もし、彼が結婚しようといってくれなかったら、30才を過ぎてもずっと仕事をするしかなくなるかもしれない。

ああ、でも、大きな会社は、もういやだ！　いろんな人に気を使って働くのは、いまのこの精神状態では、もう無理かもしれない」

Mちゃんは、いろいろ考えて、結局、こういう結論に達しました。

結婚する・しないに関係なく、また、30才過ぎてずっと働く・働かないに関係なく、「いまは、自分が身を置いて一番心地良く、楽になれる、そんな癒される場所を探してみたい！」と。

そうして見つけた会社は、立ち上げられたばかりの「可愛い手作り雑貨」を販売している会社でした。その求人広告には、こうありました。

「可愛い雑貨が趣味で始めた会社です。といっても、社長の私ひとりと事務の女の子がひとりいるだけです。誰か一緒に手伝ってくれませんか？

おかげさまで、売り上げは伸びていて、潤っていますので、それなりのお給与をお支払いできます。お友達の家に遊びに来る感覚で、面接に来てもらえたら、うれしいです！」

これを見て、Mちゃんはこう思ったそうです。

「なんだか、わくわくする！　これなら、いまの私に、ぴったりかも！」

さっそく連絡をし、面接に行ってみると、事務所にはアロマの優しい香りが漂い、その場にいるだけで心癒され、そのムードがとても気に入りました！

また、ショールームには、素敵な可愛い雑貨がたくさんあり、見ているだけでうきうき、わくわくしました。

しかも、社長は、自分とあまり年の変わらない若い女性で、その顔は、仕事を楽しみ、誇りを持っていることがうかがえるキラキラしたもので、心からのよろこびと幸せに満ちていました。

そして、なによりうれしかったのは、その会社は自宅からも、通わなくてはならない病院からも近く、休日も多く、自分が自由になれる時間が多く持てるというところでした。

そうして、その場で、「採用」をもらえたのです！

いま現在、Mちゃんは、そのアットホームな可愛い雑貨の会社で、イキイキと働いています。その後、心も体もどんどん調子よくなり、すべてが落ち着いたところで、彼からプロポーズされ、結婚も叶ったのです！

とにかく、その会社は、心癒され、居心地が良く、また、歳の近い社長がいろんなことを教えてくれて勉強になるということで、Mちゃんは、「この社長のもとでなら、結婚後も仕事を続けたい♪」と思うほどになり、いまは家庭と仕事をうまく両立させながら、幸せに働いています。

人の仕事のよろこびは、会社の大きさや、世間体や、お給与の額で決まるものではありません。どれほど、自分らしく、イキイキできるかにかかっているのです！

Mちゃんは、そのことの大切さを痛感したといいます。そして、「あんなに、大会社に勤めたい！　と強くこだわっていた自分は、なんだったんだろう」と、笑っていられるほどです。

シフトしたのは、会社のレベルではなく、心のレベルだったのかもしれません。そう、かたくななものから、より柔軟で、ナチュラルなものへと！

誰もが、心からよろこべる自分にぴったりの場所をみつけ、無理のない、快適で余裕ある働き方を選び、そこにいる人たちと共に高め合い、大切な何かをつかむことができたなら、その場所は自然と「人生の宝物」になるものです！

あなたは、いつでも降りられる♪

行き先が望むコースでなかったなら、その時点で、路線変更もあり！

誰もが学校生活を終え、就職活動するとき、〝真剣だった〟ことでしょう。少しでも良い会社に入りたいと願ったり、有名大手を狙ったり、評判のいいところに行きたがったりして。

中には、なかなか就職先か決まらず、卒業までに何とか「内定」を取れればいいや！と、いい加減な気持ちで、「どこでもいい！なんとかしてくれ～!!」と、興味もない会社をかたっぱしから受け倒して、ぎりぎりセーフで不本意な会社に入る人もいたことでしょう。

また、優秀だといわれる頭の良い子のほとんどは、親にこういって育てられていたのではないでしょうか。

「勉強して、賢くなって、いい学校に行けば、良い会社にも入れて、立派にエリートコースを歩めるからね。それが、人生安泰の道よ！」と。

そして、おまけにこうもいわれていたかもしれませんね。「あんなふうに好きなことをしているだけの奴は、笑われる。お前だけは、そんなふうにならず、ちゃんとした立派な会社で勤め上げることだ。いいね」などと。

「学校を出たら、すぐに会社に入らなくてはならない」「好きとか嫌いとかで判断せず、とにかく生活のために仕事をしろ！」といわれ、それをふつうの「常識」だと押しつけられてきたのではないでしょうか。

それゆえ、希望に満ちていたはずの子どもたちの誰もが、社会に出るとき、自分が本当に好きな道を選ぶことは脇へ置き、それ以外の条件でのみ、会社や仕事を選んできたのです。

もちろん、そうして、立派にエリートコースに進んだ人や、偉い何者かになった人もいたかもいれません。

しかし、そのコースに乗ったことで、自分が辛く、苦しく、ストレスと忍耐を強いられ、心や体を壊し、魂は抜け殻になっているのだとしたら、何の意味もないのです。

それに気づいたなら、もう、自分の意思で、そこから降りてもいいでしょう。乗ったバスの行き先が気に入らないなら、自分の意思で降りることも出来るわけですから！

あなたが降りるという決心のボタンを押さなければ、不本意な「終点」で降ろされるだけです。そのとき、「ここはどこ？　私はいったい誰？　誰か助けて！」といっても、遅いのです。

「ここは大きいから壊れる心配はないだろう」「ここは安定していると評判だ」「ここの取引先は、大きい会社ばかりだ」などといって、この世の中の多くの人は、自分の心や夢とはまったく別のところにあるものにフォーカスして、会社や仕事選びをしてきたわけです。

ある意味、その代償は大きいものです！

そりゃ、そうでしょう。その「壊れない」といわれた会社に入って自分が壊れ、「安定している」といわれていた会社で、自分が不安定になっていくのですから。

……これをどうとらえる？

社会に出ようとするとき、自分にさせてあげて、楽しいこと、うれしいこと、幸せなことを基準に、〝ただ、そうしていることが幸せだから♪〟という理由で、仕事選びができる人は、いったい、どれくらいいるでしょうか？

本当は、そうしてもよかったのです！　精神や体を病んだり、逃げたくなったりする前に、誰も皆、最初から！

いまからでも遅くはありません。人生は何度でも、何歳からでもやり直せるのです！あなたにその気があるのなら！

「いい会社」をと選ぶのと同じくらい真剣に、自分がやっていて楽しいことや、好きなこと、趣味のようにおもしろいことや、それをやるのが無条件に幸せだというものや、夢みていたことを、素直に仕事として選んでもよかったのです。

むしろ、そのほうが、素晴らしいと思いませんか？

もし、あなたの好きなことを仕事にしないと「罰金」をとられるとしたら、誰もが「それはごめんだ」と、好きなことをいち早く見つけることでしょう。実際、好きなことをしないというのは、ある意味、罰金よりも高くつくものです。一生を通して考えてみれば。

自分が好きで、楽しくて、夢中になれるという、そういうものが仕事になれば、もはや、働いているのだけれど働いているということも忘れるくらい毎日が楽しく、ハッピーなものとなります！

その好きなことを実際に仕事にするための方法や、「働かない働き方」を叶える秘訣について、チャプター2より、お伝えしましょう！

Chapter
2☆

好きなことして、リッチになる！

楽しいこと、おもしろいことをすれば、
すべてが自動的に潤う☆

〝好きなこと〟の効用とは⁉

あなたはそれを通して、より高いステージに昇り、より成功する！

「働かない働き方」を叶える最大の秘訣は、ズバリ！　あなたにとって、もはや、働いているという感覚すらない、〝まるで遊んでいるみたいに楽しいこと〟を仕事にすることです！

好きなこと、趣味のようなこと、遊びの延長でできるような、うれしく、楽しく、おもしろく、わくわくするようなことを！

また、あなたにとって「そんなことは、朝飯前♪」というくらい、かんたんにやれてしまうことも、いいでしょう。

いまのあなたのままでやれることで、かつ、それをやったことがあり、どちらかというとそれは得意なことで、他人よりうまくやれることなら、楽勝です！

そして、それがないと生きている気がしないというくらい、あなたが愛してやまないことなら、もう最高です！

好きなことをする効用は、人は、好きなことをしていると、ただそれだけで幸せになれるからです！　そして、がんばらずとも、楽に、前に進めるからです♪

好きなことを仕事にするとき、あなたは誰にいわれなくてもよろこんでそれをやりますし、勝手に楽しみます。自分の内側からエネルギーが自然に湧き上がり、そのおかげで、やればやるほど疲れるどころか、むしろ、さらにパワフルになれるし、満たされるものです！

そのとき、必死で何かをがんばらなくても、軽く多くをこなせ、どこまでも遠く高く、飛躍できるものです！

好きなことをするということは、本来、あなたの魂のよろこびであり、生きる力を生み出すものであり、今世のミッションでもあります。

好きなことを通して生まれるそのエネルギーは、あなたの魂の根源にある尽きることのない〝無限の源泉〟からやってきます。それこそが、あらゆる豊かさと幸せにつながっており、それゆえ、あなたにより大きなよろこびや仕事や活躍やお金をもたらすものとなるのです！

クリエイティブな人でいる

常識的・世間一般的にではなく、自分主体に考えて仕事を選ぶこと

自分の感性で仕事をしているような、クリエイティブな世界で活躍をしている人たちは、〝積極的に好きなことの中に身をおいている〟ものです。

彼らにとっては、自分の感性や趣味や指向や価値観で生きることが、絶対条件でもあり、よろこびでもあるからです。

あなたも、自分の感性を生かし、好きな世界にいてもいいわけです！

自分がやりたいこともやれない人生だとしたら、なんのために、誰のために人は存在す

るというのでしょうか!?

自分の気持ちや感性を認め、好きなことをするという選択をし、自由に、想像的に、創造的に生きている人たちは、他人が何をしているのかや、自分がどう思われているかなど、そんなことをいちいち気にかけていないものです。

というのも、それは、自分の問題ではなく、他人の問題だからです!


そのかわり、彼らは、こう自問自答する良い習慣を持っています。

「これは、うれしい? それとも、そうでない?」

「これをするのは、楽しい? それとも、つまらない?」

「これをいましたい? もっとあとでいい?」

「次の楽しみはどれ? どの素晴らしいことからやりたい?」

「自分をもっとよろこばせてくれそうなものはないか?」

「エネルギーが高まるものは、他にないか?」と。

自分の好きなことをし、もっと楽になって、「働かない働き方」をして、人生を〝バラ色〟にしたとて、神様に叱られることはありません。

むしろ、**神様もあなたに好きなことをのびのびやってもらって、楽しんでもらい、幸せになってほしいと願っているものです！　そのために、人間ひとりひとりに違う個性や考えや願いを持たせたわけですから。**

仕事は、この人生の大半の時間を占めるものでもあります！　その仕事が、好きでもなく、楽しくもなく、幸せでもないとしたら、あなたは何をしていることになるでしょうか？

そう、毎日淡々と、〝つまらない人生〟を自らこしえら続けているようなものです。

なんということでしょう！

気づいたら、自分が自分の幸せを奪うところだったなんて！

自分の棚卸しをする

あなたの中にある〝好きなこと〟をぜんぶ目の前に並べ、点検せよ！

好きなことをするといっても、何が好きかわからないという人は多いものです。そういう場合、それは、単に経験不足からきています。

たとえば、好きな飲み物は何ですかと聞かれたとき、コーヒーと紅茶しか飲んだことがなければ、そのうちのひとつが絶対にこの世の中で本当に一番好きなものなのかどうかなど、怪しいものです。

しかし、コーヒーも、紅茶も、ジュースも、ビールも、ワインも、日本酒も焼酎もと、いろんなものを飲んだ経験があれば、何が一番好きかはわかりやすいというものです。比べる対象があるから、好き嫌いはわかりやすいわけです。

また、**知っているものが少なすぎると、好きなものをセレクトする範囲も狭くなります。**

あらゆるものの中から、好きなものを選ぶというとき、その時点の自分の知っている世界からしか、みつけられないわけです。が、しかし、だからといって、この世の中にあるまだ見ぬもの、未知なるものを、すべて知り尽くそうとしたら、この人生、時間が足りないことでしょう。

それゆえ、そんな必要はありません！　そんなことをしなくても、一番好きなもの、よろこんでやれる、自分にぴったりなものを選ぶ良い方法があります！

それは、**自分の中の「棚卸し」をするということです！**

あなたの中には、最初から、あなたを癒し、救い、幸せに、豊かにする、好きなこと、楽しいこと、イキイキわくわくするもの、輝けるものが、備わっています。それは、魂に内蔵されています！　それをみつける作業が、自分の中の「棚卸し」となり、自分の「価値」や「財産」という宝物を見つけるものとなるわけです。

ここで、覚えておきたい大切なことは、好きなことをしてお金持ちになった人は、「お金をつくるのがうまかった」のではなく、「お金をつくれる自分をつくるのがうまかった」ということです！

つまり、自分の中にある「価値」や「財産」をしっかりみつけたということです！　そして、それを充分、生かしたということです！

結局、自分の中にあるものを使ってしか、外側に何も生みだせないものです。外側に何かを持ちたいなら、まず、内側の宝物を発掘する作業が必要なのです。

みつけたそれに対して、「自分にはこんなに良い価値や大きな財産があったのか！」と認めたとたん、それが立派な自分だけの宝物となり、金脈となって、あなたを導き、お金持ちにするのです！

しかし、自分の内側をあなた自身がよくみつめないでいるとき、それは、まだ出荷準備もされず、箱の中身さえ点検されず、倉庫に押し込められたままの見知らぬ荷物になるだけです。そんなふうに宝の持ち腐れになってはいけません。もったいない！

というわけで、さっそく、自分の中にあるものの「棚卸し」をやってみましょう！

まずは紙とペンを用意して！

とにかく、こういうことをするのは好きかもしれないというぼんやりしたものから、好きだ！　とはっきり自覚できるものまで、あらいざらい、ぜんぶ、ひとつ残らず、紙に書き出してみるのです。

このとき、「この程度の好きだと、なにも、ものにならないだろう」「それが仕事になるとは、考えられない」「こんなことがお金になるとも思えない」「好きとはいえ、これは成功にはほど遠いことだろう」などと、勝手に決めつけずに、自由に、範囲をひろげて書いてください。

たとえば……絵を描くこと、文章を書くこと、粘土細工をつくること、切り絵をすること、ありあわせの材料でおもちゃをつくること、ゲーム、ローラースケート、スノーボード、野球、サッカー、料理すること、そうじすること、人と話すこと、誰かの世話をやくこと、歌うこと、踊ること、泳ぐこと、楽器を演奏すること、パソコン、計算、リーダーシップをとること、空想すること、などなど！

中でも、**物心ついた幼い頃、無邪気によくやっていたことや、気がつけばいつのまにか没頭していたこと、寝食忘れて夢中になってしまうという好きなことは、とても重要で、見逃せません！**

それこそが、あなたの魂に刻まれ、ＤＮＡに内蔵され、いまかいまかとあなたにみつけられるのを待ち、あなたを想像以上のうれしい世界、幸せに豊かになれる世界に連れて行く、ミッションになっているものでもあるからです！

なつかしい記憶を、思い出す

あの、よろこびを再び♪
あなたの魂が無言で教える「天職」とは!?

あなたが幼い頃、好きでよくやっていたこと、無意識にしていた楽しいことというのは、「天職」になる可能性大です！

「天職」である場合、たいがい、人は、それを物心つく頃から勝手にやっているものです。誰に教えられたわけでもなく、なんとなくその特定のことに興味を示し、素直により添います。

そうなるのは、今世、生まれてくる際、天界から降りてくるときに、あなたが魂に刻んで、地上に持ってきたものだからです。

そのとき、「今世は、このことを通して、魂のミッションを果たす！」「地上で、これをすることで、魂を成長させる！」「これを通して、人々のために自らを役立て、社会に貢献する！」「これを通して生み出した光のエネルギーで、人間の波動や宇宙の波動を引き上げることに貢献する！」と、自ら決めてきたのです。

ちなみに、私ごとで恐縮ですが、それを証明するかのように、私は、幼稚園児の頃、よくおもちゃのマイクを持って、こたつの上に昇っては、でたらめな言葉を音楽に乗せて大きな声で歌って遊んでいました。小学生くらいになると、詩やその日あったことをあれこれノートに書き綴ったりしていました。

そうやって、幼い頃、無意識に、よろこんでやっていたことは、驚くほど、いまの職業そのままです！　そして、その「書くこと」で幸せと豊かさを叶えられたわけですが、それに本気で向かうまで、私の人生はめちゃめちゃでした。

そういった現象は、まさに、宇宙の愛の現われでした！

「ほら、早く、魂の中にある、それをやりなさいよ。いつまで、避けて通る気なの!? 他のことをいくらやったって、満たされやしないでしょ？　好きだとわかっているのに、やらないのは、何のこだわりなの？　頭ではなく、ハートで生きて！」と、いうかのような。

もちろん、子どもの頃、それが将来、自分の仕事になるとは知るよしもありませんでした。

しかも、子どものときに好きで、よくしていたことというのは、どちらかというと、大人になるほど、自分の単なる趣味とかたつけられがちで、将来の自分の仕事とは関係ないとされがちで、軽んじられるものです。

また、故意に遠くへと追いやられてもいくものです。いつまでも、「こんなことをしていてもなぁ」というかのように。

そして、ほとんどの人がそうやって、その尊いものから、わざわざ離れて行くわけです。

幼いあの日に、ちゃんと出逢い、わかっていたというのに！

しかし、しかし！　あなたの魂はバカではありません！

それを心の中に、過去の記憶に、ＤＮＡに、魂に、刻んでいる限り、途中経過がどうであれ、やがて、もう一度あなたにその素晴らしさを思い出させ、愛しくさせ、返ってくることになります！

だから、よくよく記憶をたどり、好きだったこと、楽しかったこと、いまでも愛しいもの、よろこびに感じるもの、イキイキできるものを、思い出してください！　思い出すだけでいいのです！

あなたが、それを思い出すとき、宇宙も同時に思い出し、それを本格的に動かし始めます！

そうして、あなたが、「私は、これが本当に好き！」「これを何より、愛している！」「もはや、自分にはこれしかない！」と、その大切さと価値に気づき、一生ともに生きていこうと決めたとき、約束された〝究極の場所〟へといざなわれることになるのです！

そのとき、あなたのやることは、仕事や働き方や個人的な生き方の範囲を超えた、世に影響を与えるほどの偉大な〝宇宙の計画〟の一部として、大きな役目を果たします!!

好きを換金する方法

あなたの宝物に値段をつけ、提供先の「めぼし」をつける

あなたの好きなこと、興味あること、わくわくすること、楽しいこと、趣味のようなこと、それをするだけでイキイキするおもしろいことを「仕事」にするためには、それを何らかの形にして、誰かに提供しなくてはなりません。その好きなことを、なんらかの品物や、知識や知恵や情報、教育、労働、サービスなどにして。

そして、その対価としての報酬を、遠慮せず受け取るだけでいいのです！　そうすれば「好き」を「換金」することができます！

提供するにあたり、あなたは、その「好き」を多方面からみつめ、創意・工夫し、「どう

すれば、これを人さまの役立つもの、よろこぶものにできるのか」と、形にしていかなくてはなりません。

その提供方法は、直接、人に何かを売るのか、インターネットを通して提供するのか、どこかの会社にあなたの良いものをあずけてそこからマージンを受け取るのか、誰かやどこかから依頼されるという形をとるのか、やり方はさまざまあります。

もし、可能なそれらのすべてを駆使するなら、あなたの収入回路は一気に増えます！

とにかく、**いまのあなたでできることをひとつひとつやってみてください。あなたが動くと、まわりが動き、宇宙が動き、何かが起こります！**

それを難しく考える必要は、ありません。簡単なことです♪

たとえば、あなたがピアノをひけるなら、自宅でピアノ教室をひらいて、近所の子どもたちに教えたり、歌って踊って遊ばせたりしてもいいわけです。そうすれば、月謝という形のお金があなたの手に入るものです。

あるいは、自らが美しいドレスを着て、舞台に上がり、ピアノを奏でて、聴く人を魅了させてもいいわけです。何らかのライブやショーのチケットを売れば、あなたにはギャランティーというお金が手に入ります。

また、あなたがアクセサリーやパワーストーン、可愛いグッズを作っていて、それを売ってもいいわけです。あなたが何かしら人の知らないお得な情報やノウハウを持っているのだとしたら、それをＣＤやＤＶＤや然るべき形にして売ってもいいわけです。

そのとき、つける価格は、あなたの自由でＯＫ!!

「自由に」というと、ときどき極端なことをいいだす人もいるものです。「じゃあ、高くてもいいのですよね？　自分のつくったこのコップを３００万円にしても！」などと。もちろん、本当にあなたが提供するものにその値打ちがあると思うなら、それもいいでしょう。

その価格に満足して、買う人がいれば問題ありません。たったひとつ売れるだけでよく、大量に売らないというのなら。

しかし、その提供物と価格に、買いたいと思う人がいなければ、意味がありません。要は、あなたが提供したいものに対して、「これくらいの価格なら、妥当で、こちらも損せず、ある程度利益もあり、よろこんでお売りでき、買った人にも満足してもらえ、よろこんでもらえ、役立ててもらえるだろう！」というところを、しっかりプランすることです。

たとえば、買う人に得してもらえばそれでいいという、サービス精神の大きい人もいて、相手にばかり得させて、自分はいつも損を取っては、赤字になるという人もいるものです。それなら、やらないほうがましなくらいです。なにをしているのかわかりませんからねえ。ボランティアなら、ともかく。仕事にするなら、建設的に考えなくては。

たとえば……

ピアノのレッスンに1回5千円いただくのか、月謝として5千円にするのかは、あなたの提供する内容と価値と満足度に応じて価格設定をしてください。近所の先生が2千円で教えているのだから、自分も2千円にしておかないといけないのかもしれないなどといって、自分が不服に思う金額をつける必要はありません。逆に、よそが1回2万円取っているのなら、うちも！　と、無意味に便乗するのは、よくないでしょう。

覚えておきたいことは、提供するものの価格が安いからよくて、高いから悪いということはないということです。

お客さんは、安いだけのものがほしいわけではなく、自分が得たいものの内容と価値が一致しているか、それよりもお得感があるか、なにかしらの特別感があるのなら、よろこんで対価を支払ってくれるということです。

また、たとえ高くても、自分が気に入ったもので、どうしてもほしいものは、よろこんでお金を支払いたいといってくれるということです。

「好き」を換金する際は、しっかり〝人の心情〟についても考える必要があります。というのも、経済は感情によって動くところが多々あるからです。

ちなみに、こんな言葉もあります。
「人は必要なものより、うれしいものに、先にお金を使いたがる」と。

ふさわしい価格をつける

意味のない、無料・サービス値引き・半額は、最初からやらない

あなたが好きなこと、楽しいこと、得意なことなどを、仕事をするときには、ひとつ注意点があります！　それは、「好きだから、別にお金をもらえなくてもいいんです」と、なってしまわないようにすることです。

やり甲斐や生き甲斐だけを主張するのではなく、正当な対価を受け取ることをちゃんと自分に許可しておくことは、何よりも重要です！

そうでないと、「好きなことをやらせてもらえたので、それでいいです」などと、やった仕事に対して、おかしな謙遜をすることになり、自分が支払った労力や時間を無駄にする

ことになるからです。

スピリチュアルなことを好きなこととして仕事にしている人の中には、「こういうことでお金をもらったら罰があたる」などと考えて、いつまでも〝ただ〟で使われ、自分はまったく生活できないという、バランスの悪いことをしている人がいるものです。

しかし、あなたは自分の大切な時間と労力を誰かに提供したというなら、それなりの対価を受け取っても、まったく罰は当たりません。時間も労力も、立派な提供物なのですから！

それゆえ、あなたの好きなことを人さまに提供するというとき、決して、意味なく、「ただ（無料）」で提供し続けてはいけません。

自分の持っている良きものを人さまや社会に与えているのに、なにも対価を受け取らないというのは、自分を価値のない人間だと、自ら自分に告げることになりかねないからです。

あなたが「ボランティア活動」をしたいなら、それもいいでしょう！　大いによろこんでももらえるでしょう！

しかし、**自分のできることや何かしらの能力を「仕事」にし、「お金」を得たいというのなら、必ず、提供するものにみあった価格を決めて、提供することです。**

たとえば、無料にはしないとしても、「安ければ安いほうがいい！」「なんなら、定価の半額にしてあげたい」と、なにかと激安や半額にすることにばかりフォーカスしがちな人もいるものです。

しかし、いっておきましょう！　あなたは、安ものを提供したかったのでしょうか？　それとも、良いものを提供したかったのでしょうか？

もし、あなたが、「定価だと誰も来ないから、半額にするしかないんです」などというのだとしたら、あなたは自分の首を絞めることになります。価格破壊は、あなたの生活をキープできなくするものだからです。

しかも、定価提供するお客さまの見込みもないとしたら、半額にしたとてどのみち、誰も来ません。そうなると、何をしているのかわからなくなります。

あなたがよろこんで惜しみなく提供できる価格で、良いものを正しく提供するとき、その価値をわかり、それをよろこび、ほしいというお客さまが自然にやって来るものです！

あなたは、なにも、いやがっている人や渋々の人、ケチをつけたり、ごねて勝手なことをいう人に、自分の好きな良いものを提供したいのではなく、あなたのその好きな良いものに対して、「それが気に入りました！　私にもください」とよろこんで対価を支払ってくれる人に提供したいはずだからです♪

どのような形で自分が提供できたら、楽しく、満足でき、かつ、相手もまたよろこび、満足してくれるのかを考えて、提供するものや形やスタイルを決め、好きを換金し、働きかければいいのです。

その働きかけが大きくなるほど、より大きな、多くのお金の回路を生み出すことになるからです！

好きな世界へは、こうして移行する！

会社にいたまま好きなことをする!?　辞めてそうする!?☆　その方法

あなたがいまいる場所から、好きな世界に移行するというとき、なにも、極端なことをしたり、無理なやり方をとったりする必要はありません。

生活のことを考えると、いますぐ会社を辞めて無収入になったら困るし、貯金もない！というなら、会社に在籍したまま、好きなことや楽しいことにかかわって、様子をみつつ、移行すればいいのです。まずは「副業」として、始めてもいいわけです。

あなたが会社勤めをしながら、好きな世界へ移行する時期を見極めるポイントは、大きくわけて、２つあります。

ひとつめは、会社勤めをしながらやっているその好きなことや、楽しいことや、趣味のようなことから得られる報酬が、いまの会社の給与と同等かそれ以上になり、それが少なくとも3か月以上続いたときです！

もし、半年以上その良い状態が続くというなら、そろそろ、その「副業」のようにしていた好きなことを、「本業」にしてもいいのかもしれません。

もうひとつは、あなたが会社勤めをしつつ、好きなことや楽しいことや趣味のようなことをしていて、その報酬が入ってきはじめたばかりのとき、それが短いスパンであったとしても、突然、何かしらのチャンスや幸運の流れがきて、「いまだ！」とか、「イケる！」と感じたときです。

この「いまだ！」とか、「イケる！」という声は、あなたの魂からやってくるものであり、「機」が熟していることを告げています！　その声が聞こえないうちは、むちゃをしないでください。まだ、そのタイミングではないからです。

「機」が熟すまで、宇宙はあなたに何も与えられません。しかし、「機」が熟していれば、あなたの望むものを、宇宙はこの現実にふんだんに、これでもかというくらい、惜しみなく、どっさり与えてくれます！　そう、お金という形ではもちろんのこと、地位や名誉や更なる飛躍や、大幸運として！

ちなみに、この内なる声は、ひとつめの場合のときにも、あるものです♪

さて、会社に「副業禁止」の条件があるという場合は、個人的にその好きなことや楽しいことをやりつつ、どうすれば仕事にできるかをよく考察し、時期がきたらスパッと会社を辞めて、それに移行できるよう、自分なりに必要な準備をしておくことです。

その移行についてのエピソードを、次の項でも詳しくお伝えしましょう！

自然体でいく♪

よりふさわしいところに行く場面は、
いつでも、すべてがナチュラル

あなたも、いまの会社に在籍したまま、他にやりたいことをみつけ、本当に好きな世界へ、もっと楽しい世界へ、行くことができます。その間、現在の仕事と、移行したい好きなことの、両方をやるという時期もあっていいわけです。

たとえば、それは、日中は会社に行って、帰宅後、好きなことに関わるということかもしれません。あるいは、平日は会社で、土日の週末だけそれをするということかもしれません。または、月に1回、気がむいたときに休日を使って、それを本格的にどこかで披露するということかもしれません。

とにかく、**移行の秘訣は、〝自然体に！〟を目指すことです。実際、そうなるとき、そこに無理強いするものや、必死さはなく、日常のこととして、ごくふつうに移行できるものです！**

たとえば、31才の女性Uさんは、日中は会社で事務をしていて、週2回だけ仕事が終わると趣味のヨガを教えていました。同じくヨガインストラクターの友人とともに、小さなスペースで。

そうして、どんどんヨガ教室に入れる日を増やして、収入が、会社の給与とあまりかわらなくなったとき、「こっちに行こう！」と、退職し、ヨガの先生になりました。

また、42才会社勤めのバツイチの女性Kさんは、会社に行きながら、占いの学校の夜のコースに通い、専門知識を体得しました。

そうして、サイトをつくり、ブログを始め、名刺をくばり、公式HPをつくり、占いイベントに参加していく中で、占い師の会社の人から「本格的にやってみない？」と声をかけられ、それがきっかけで大手の占い会社と契約することになり、会社を辞めました。

あなたが好きなことを仕事にするというとき、なにも、会社をやめて、絶対に起業しなくてはならないということではなく、会社にいながら、道をつないでいくこともできるということです！　そのあとで、好きな世界を満喫したり、何かしらの分野のプロになって活躍してもいいのです！

もし、あなたがいさぎよい人で、「スパッと会社をやめて、好きな世界に迷わず飛び込みたい！」というのなら、それもありです！

あなたがいまいる状況がどんなものであれ、あなたが自発的に、好きなことや、楽しいことを仕事にする世界に移行したいと思って、その時期を興味深くうかがうなら、必ずやあなたは何かチャンスをみつけ、行動し、良い変化を生み出し、流れに乗ることができるでしょう！

ちなみに、私ごとで恐縮ですが、私は大阪の会社でお勤めをしているときに、作家デビューしました。

そのときの日常はというと、朝5時に起き、学校へ行く子どもの弁当をつくり、夕飯までこしらえ、そこからメイクや着替えをして会社に行くしたくをし、片道1時間40分の電車通勤をする……。そうして、仕事を終え、帰宅したら、家事をこなし、お風呂に入り、子どもたちが寝静まってから、ひとり、キッチンのテーブルで夜中まで原稿を書いていました。

デビュー作が発売になったとき、私はまだ大阪の会社でお勤めしていました。

そのとき、まったく上京することなど考えていませんでした。子どもたちの学校のこともありましたから。

ところが、本が売れ始め、取材やラジオ出演やテレビ出演、次の本の打ち合わせなど、なにかと忙しく東京に行き、会社を休みがちになることが頻繁に続いたのです。

そんなあるとき、社長から、こう告げられたのです。「こんなに休まれたら困るし、他の者にも示しがつかない。今日限り、会社を辞めてください」と。

そして、ガーンとショックを受けつつ、会社のデスクの中をかたづけていると、デビュー作を出した出版社の編集長から連絡が！　それは本当に驚くべきタイミングでした！　私は、すかさず、「くびになりました」と告げたのです。すると、「くびになって、仕事がなくなったのなら、時間あるよね？　ならば、次の本を書いてみない？」といわれ、早々に次の本を出すことになったのです。

本を出して、その出版パーティーを東京で行った際、自分をかこむエネルギーやまわりの反応に、なぜか、大きな手ごたえというか、明るい展望を感じ、「これは、イケる！」と感じ、上京を決めたのです。当時、所持金9万円しかありませんでしたが、3人の子どもを連れて。

気がついたら、勝手に、会社員から、作家になっていました（笑）。

それは、あまりにも、あれよあれよというような流れで、かつ、ある意味、宇宙の強制的なやり方でもありました。突如、くびになって、こうなったわけですからねぇ～。

しかし、あの時、私自身はなにも無理をしている感覚はありませんでした。バタバタしたのは確かですが、わくわくしていたし、やってきたチャンスにひょいっと乗っただけだったからです。

いつでも、気持ちが動けば、体も動き、運命も動き出さずにはいられないものです♪
あなたも、好きな世界にチャンスあらば移りたいとよろこばしく思いつつ、いまある日常でできることをひとつひとつやってみてください。きっと、何かが起ります！

お金を得ることに成功する

心構えが成功の要☆
いい気分をつくれたなら、うまくいったも同然！

好きなことをして、リッチになるには、自分の持っている良きものを知り、然るべきところに惜しみなく差し出すという、アクションを実際にとることが大切です。

「対価」「代償」を支払わずして、手に入るものはない！　ということです。

その「対価」「代償」は、〝金目のもの〟を差し出すということではありません。「自分の棚卸し」の項目のところでみつけたものならなんでもいいし、あなたの笑顔や親切やできるサポートや何かしらの知恵や力を貸すことなど、なんでもいいわけです。

そして、それを差し出すときに、効果的なことは、〝何のためにそのお金を必要としているのか〟、その「お金の使いみち」を決めておくことです！

たとえば、仕事をして、大金を稼ぎ、お金持ちになりたいというとき、そのお金で何をするためにお金を得ようとしているのかを、あなたがあらかじめわかっているほうが、そのお金を手にしやすいということです。

お金は、目的のあるところに束になって集まってきます！

さて、仕事をしてお金を得るというとき、この世の中の多くの人は、社会的な不安をベースにして考えていることがあるものです。それゆえ、やみくもに、できるだけ稼ぎたいと思うわけです。無理すれば、なんとかなると。

しかし、**「不安」と「恐れ」をベースにして、お金を望むと、よけいお金は逃げていきます。というのも、お金は、「安心」と「よろこび」のあるところに集まってくる性質があるからです！**

それゆえ、安心とよろこびから、仕事やお金について考えることです。そうすれば、すべてが、必要に応じて、よろこばしい形で、あなたの安心を大きくしながら、豊かに手元にやってきます!

身銭を切ることも必要

あなたが惜しまず出したお金は、あとから倍になって返ってくる！

この世の中に「ただ（無料）」で手に入るものなどありません。あなたがまっとうな形で、然るべきものを手にしたいというのなら、一時的に身銭を切るということも必要です。**あなたがほしい仕事や好きなことで生計を立てるために必要だと思うものには、ときには、惜しまずお金を使ってください。**

たとえば、何かを習う、さらにスキルアップをはかる、新たな資格、ためになる本やセミナーや、仕事道具として必要なもの、そういったものに、身銭を切ることは、決して損ではありません。

むしろ、**あなたのその自己投資が、あなたに新たな宝物を与えてくれることになります！**

私の知人のアメリカの作家は、自分が作家になる前、なにか書いてみたいと新しいパソコンをほしいと思っていました。

自宅には壊れかけの、使うたびに面倒が起こる古いものしかなかったからです。これでは、まともな作品を書ける気がしませんでした。使うたびにストレスでしたし。

ある日、彼は、電気量販店にパソコンを見に行きました。が、ほしいと思った新製品は高額でした。けれども、それを見た瞬間、「これは、すごくいい！」とわくわくし、「これさえあれば、良いものが浮かび、すんなり書けそうだ！」と感じたのです。

しかし、お金の持ち合わせはなく、「ローンを組まなきゃ買えそうもない」という状況。

帰宅した彼は、迷いました。「買いたい……でも、あんなに高価なものを自分ごときが必要か？　贅沢ではないか？　それに、執筆を依頼してくれる人もまだいないのに、無駄になったらどうする!?」と。

また、「買いたい……でも、買えない……いや、買ってはいけない」と。

それでも、あのパソコンが忘れられず、また、見に行ったのです。やはり、ほしい！

遂に、彼は、決めました。「買おう！」そして、ローンを組んで購入したのです。大きな金額の入ったローン契約書に記入しているとき、そこには新しい自分がいて、驚きました。

「僕は、これにふさわしい！」と。

自宅に新しいパソコンが届いたとき、彼は、「買ったことは、正解だった！」と痛感したといいます。というのも、前からあたためていた本の構想があり、そのパソコンに座ったとき、気持ちよく、言葉がすらすら出てきて、あっという間に原稿ができたからです！

もちろん、その原稿が彼のデビュー作となり、彼を念願の作家にしたのです！

この世の中には、仕事道具や可能性の生まれる何かを前にしたとき、それでも、お財布の中のことを考えると、「あまりお金を使いたくない」「身銭を切ってまでやらなくても」

という思いになることがあるものです。

たとえば、「作家になってから、新しいパソコンを買えばいいのだし」などと考えて。

しかし、**大事なことは、「身銭を切ってまでやりたいことが、大きな可能性と、大きなお金を生み出すことになる」ということです！**

これは、なにも、〝身のほど知らずの極端な贅沢をしなさい〟ということではありません。可能なら、ちょっとだけがんばれば手に入るというのなら、自分の許可次第で、いま叶えられるということです！

それをクリアすると、自分もレベルアップし、進化するということです！

自分には、良いものがふさわしい。良いものを持つに充分値する人間だ、と思えてこそ、そこから何者かにもなれるのです！

さて、あるデザイナーの女性Uさんの口癖は「私は、仕事道具にあまりお金など使いたくないんです。資料もあまり買いません。インターネットで調べればなんとかなるしね」

とよくいいます。一方、同じデザイナーのFさんは、「私は仕事道具をそろえるのが、大好きなんです♪　最新のパソコンとかすぐに買い替えるの♪　仕事をするのがうれしくなるから♪」と。

その両者、どちらが仕事のオファーが多く、稼いでいるかといえば、後者の惜しみなく仕事の関係のものに身銭を切れるFさんです！

仕事や、自分の学びや、人生の可能性の拡大に、必要なお金を惜しみなく使うとき、その豊かな気分＝豊かなエネルギーが、なにかしらおもしろい出来事や豊かになれる仕事やお金を運んでくるものです！

何か仕事でいるものを買うというとき、決して、惜しみながらお金を出してはいけません。惜しみながら渋々お金を手放すと、返ってくるとき、なにか目減りしているものです。

いつでも、自分が放ったエネルギーが返ってくるからです。

お金だけを目的にしない

お金だけを唯一の目的にすると、大切なものを失うことになる!?

仕事を探すとき、新しい働き方を考えるとき、また、好きなことや楽しいことを生活の糧にしていくというとき、誰もが大切な条件のひとつとして考えるのが、「お金」でしょう。

いったいその仕事をして、それで働いて、それを提供して、いくらお金を得られるのかと。いや、無理もありません。なにせ、仕事と生活は密着しており、人は皆、食べていかなくてはならないのですから。

しかし、中には、お金に執着し過ぎるばかりに、自分にとっての楽しさや、やり甲斐を無視して、「大金を稼げるなら、なんでもやる!」というようなスタンスで、とにかく、〝お金になること〟を優先しようとする人もいるものです。

「お金のため！」「お金がすべて！」という、仕事のしかたは、ある意味、とても危険です。

というのも、お金が儲かっているときは満足し、元気でいられますが、お金が儲からなくなったとき、不安になり、病んだり、恐れたり、絶望したりするからです。

お金をすべてにすると、そのすべてとなるものを失ったとき、自分が価値のない人間になったように感じ、すっかり自信を失い、人生が完全に終わったような気になります。

自分を元気にしてくれるものが、自分に自信を持たせるものが、自分を仕事に向かわせるものが、働く気になれるかどうかの決め手が、「お金」だけというのは、なんとも寂しく、虚しい現実です。

自分にとっての幸せな「働き方」に目覚めるために大切なことは、「お金」で自分を満たすのではなく、「エネルギー」で自分を満たすようにすることです。

いつでも、お金は、あなたのエネルギーが換金されたものにすぎません。それゆえ、大きく稼ぎたいのなら、大きなエネルギーを生み出せるものを仕事にすればいいだけです！

いやでも楽しくリッチになれる方法

いつも幸せで豊かでいること☆
それこそが、あなたの本当の仕事！

お金を追いかけるのではなく、自分の内側からエネルギーで満たされるような、好きや興味や情熱をかけられるものを追いかけるとき、いやでもあなたは幸せで豊かになっていくものです。そう、自分の内側はもちろんのこと、それを反映した外側の世界という現実でも！

その素晴らしいものが仕事ならば、「お金！ お金！」と騒がずとも、自然に稼げることになるからです！

叶えたい生き方は〝お金になる・ならないに関係なく、無条件に好きなこと、やっていて楽しいことをやる♪〟というあり方。

これは、「お金をもらえなくてもいい」とか、「お金を受け取らない」「無料でやる」というのとは、まったく意味が違います。

それは、好きなことに夢中になるという、情熱の度合いの話です！

ちなみに、「いまの会社がおもしろい！」「毎日仕事が楽しく、充実している！」「やりだしたら夢中になってしまい、あきない！」「むしろ、仕事自体が趣味♪　わくわくする！」という、脱・サラリーマンや、起業家、好きなことで成功している人、自分らしい生き方で生活の糧を得ている人たちは、〝いまやっている仕事〟と〝自分の好きなこと〟が矛盾なく、一致しているものです！　ラフで自由な働き方を叶えていて！

それゆえ、働いているというよりも、楽しんでいる感覚、遊び感覚で、仕事をエンジョイできるわけです。

仕事に対する情熱の熱量が高いのです！　好きなことに対する愛情度が大きいのです！そのパワフルなエネルギーで身も心も地位も名誉も財産も、さらに上に自然に引き上げられていくのです！

たとえば、仕事の熱量の低い人や、好きな仕事をしていない人は、休みの日がうれしく、休日に「仕事だ、出ろ」といわれると、いやな気持ちになったり、がっかりするものです。

しかし、逆に、仕事に対する情熱や愛の大きい人は、仕事をしていないほうが落ち込みますし、休日であれ、なんであれ、仕事が入るとうれしくてたまりません♪「よっしゃー!!」「やったー!!」と。

あなた本来の自分らしい生き方を、好きな形で、自由に、あなたも叶えられます！

わかっておきたいことは、いつもうれしく楽しく幸せで豊かでいることこそ、あなたの本当の仕事だということです！

好きな仕事や働き方をして、情熱的でいて、かつ、ピュアでいて、やることに集中しているとき、そこには、想像的で創造的なエネルギーが大きくあり、むしろ、お金のことを考えなくても、大きなお金と豊かさがもたらされるものです！

というのも、そのとき、あなたのその高まりを感知し、共鳴共感した、より高まったレベルの人たちや、よりおもしろいことをして生きている人、より豊かな場所にいる人や、より多くの素敵なチャンスをもたらす人、さらにいい仕事をあなたに依頼できる人が、自然に惹き寄せることになるからです！

情熱的に好きなことをし、いきいきキラキラ輝いて、オーラを光らせているとき、人生はダイナミックに展開します！　あなたの人生は、究極の目的につながりやすくなり、日常に数々の素晴らしい奇跡を起こしやすくなります！

それは、**その生き方自体が〝魂の目的〟に適《かな》ったものであり、宇宙があなたに地上でしてほしかったことだからです！**

Chapter 3☆

キッパリ辞めて、すんなり次へ行く！

あなたという人間しか、
あなたを自由にできる人はいない！

未来をネガティブに決めつけない

偏った誰かの意見は退ける！〝自分を救う哲学〟をもって生きる

会社をやめるというとき、考えなくてはならないのは、なにも「好きなことができたから♪」という明るい展望のある人ばかりでなく、「辛いから辞めたい」という人もいるということです。

この「辛いから辞めたい」という人が、もし、あなた自身であったり、あなたのまわりの誰かであったりするなら、ぜひ、この章を心して読んでいただきたい。きっと、大切なことに気づいていただけるはずです！

ここでは、「辛いから辞めたい」と思いつつも、毎日窮地に追いやられるだけで、絶望的な気持ちで、ついに体を壊し倒れた私の息子のエピソードをお伝えしましょう。

これをお伝えするのは、会社に殺されないためです！　苦痛でしかない「働き方」をしている、何もいえないおとなしい新入社員や、若者を救うためです！

彼の仕事は、システムエンジニア。働く場所は自分の会社ではなく、出向先。そこで、毎月のごとく170時間もの残業を強いられ、心も体もボロボロになっていたのが、何を隠そう我が息子です。

彼には、ずいぶん前から危うい状態があり、私は会社を早く辞めるようにと何度もうながしていました。働き方のせいでなど、死んでほしくないと。

けれども、うちの息子がなかなか会社を辞められなかったのには、ひとつ大きな原因があったからです。それは、「辞めたい」と、本社の上司に相談に行ったときに聞かされた、上司の心ない言葉にありました。

それは、彼が倒れる前のことでした。

ある日、彼は遂に心身の疲労が極限に達し、限界を感じ、危うさに迫られ、「もう、無理だ」と感じ、仕事中に本社の上司に電話をしたのです。そして、翌日、本社に呼ばれることになりました。

そこには上司2人が待っていて、すぐに会議室に通されたといいます。彼は出向先の職場での過酷すぎる悲惨な状況をすべて正直に話したのです。朝5時に会社に行って、帰りは終電のなくなる深夜2時。月の残業時間は170時間。もう体力的にも精神的にも限界だと伝えました。そして、体調不良で通院していることも。

しかし、その事情をどんなに詳しく話したとて、すぐに、辞めてもいいとはいってもらえるわけもなく、むしろ、息子は、かえって恐れと絶望を大きく抱いて本社から帰ってきたのです。ひとりの上司は彼にこう告げたといいます。

「辞めたい？……本当にそれでいいのか？　もうひと晩、頭を冷やして、よく考えたらどうだ。仕事を辞めるというのは、どういうことかわかるか？　君がしようとしていることは、会社に迷惑をかけるということなんだぞ。そして、当社が長年築いてきた出向先との信頼関係を君が壊すということになる。その責任の重大さを君はわかっているのか？　責任をとらせるぞ！」

もう一方の上司はこういいました。

「1年やそこらで会社を辞めたとしたら、どうなると思う？　世間の風あたりはひどいぞ。すぐに会社を辞めた人間をまともには見てくれないものだ。そのうえ、君の履歴書は間違いなく、汚れる。経歴に傷がつく！　そうなると、再就職にも影響が出るぞ。すぐに会社を辞めた人間を、雇いたいといってくれる会社など、ないぞ。次を探すのは厳しいものだよ。それでも、辞めると⁉」

2人の上司は、出向先の悲惨な状態を確かめようともせず、また彼が極限にいるのに、思いやろうともせず、責めて、脅すだけだったといいます。その言葉にも彼は、大きな不安と恐れを抱え、心臓をぎゅっとつかまれたような痛みとともに話を聞かされていたのです。

上司2人は、座っているのもままならない状態の人間を一切かばうこともせず、容赦なしに交互にきついことをいい、最後にこう付け加えたといいます。

「……さぞかし、君の親御さんも、がっかりするだろう。親を泣かせることにもなる。そんな親不幸は、ないぞ！」

なんというバカなことを！　そんなこと、親不幸でもなんでもありません！　会社のせいで病気になったり、死なれるほうが、もっと辛い！

親は、いつだって子どものみかたです！　自分の子どもが限界にきているのに、そこを去ろうとすることを親不幸だなんて思うことなど絶対にありません！　おかしな言葉で大事なうちの息子を脅さないでもらいたい！

彼は、その上司たちの言葉でますますどうすればいいのか混乱していました。その言葉が、〝もっともらしいこと〟のように聞こえても、実は、何の根拠もない、その上司の偏った考えにすぎないということもわからずに。それゆえ、絶望して、暗い顔をして帰ってきたのです。

彼からその話の内容をすべて聞いた私は、こう話しました。

「何も心配しなくても、大丈夫。そんな上司の言葉を気にする必要も、怖がる必要もないよ。

実際、お母さんは、あなたが〝辛いだけの会社〟を辞めたいといっても、嘆いたり泣いたり悲しむこともないから。むしろ、そうした方がいい！　と応援するし、あなたのみかたよ！

上司がいくら、今後の再就職が不利だとか、履歴書が汚れるとかいったとしても、それは社員を引き止める口実としていっていることだし、その上司は自分がそういう考えで生きているから、そういっているだけなのよ。

上司のその考えが、世間万人の考えだと思い込む必要はないからね。仮に、前職を辞めたことを責めるような会社があったとしたら、そういうところに無理に再就職しなくてもいいわけだし。

あなたが自分の心や体を壊してまで、ふつうの生活ができなくなる状態まで、追い込まれる必要はないのよ！

お母さんだって、長いこの人生の中、何度か転職もしてきたけれど、次に、〝二度と採用されなかった〟ことなどないし、いくらでも、より良い場所にみつけて移れたわ。

いまのあなたに一番大切なことは、まわりからどうみられるとか、社会がどんな反応をするとか、未来がどうとか、そんなことを気にすることではない。最もすべきことは、心と体を壊した自分を救うことよ！」

誰かの言葉や反応よりも怖いのは、自分が会社を辞めた自分を責め、自分をダメな人間だと思いこみ、未来を絶望的なものにしてしまうことです。まちがった解釈をして、大事な自分自身と人生の可能性を、見捨ててしまってはいけません！

結局、息子が会社を辞められたのは、病で倒れたことがきっかけでした。ドクターストップがかかったのです。その診断書が、辞めることを叶えてくれたのです。

なんということ……そんなもので、叶えられても、うれしくありません！

何か耐え難い辛いことや、決定的な不幸が起こるまで、耐えたり、我慢したり、自分をピンチに追いやる必要はどこにもありません！　大変なことが自分の身や人生に起こる前に、見切りをつけたってかまわないのです！

もっと早い段階で、元気なうちに、次へと飛び立てる余力が充分ある状態の中で、新たな方向へと目を向け、動いても、何も罰はあたらないし、むしろ、そうすべきなのです！

ひとりで、がんばってはいけない！

大切なのは、〝限界〟を知り、〝無限〟に自分を救い続けること

さて、あなたが新入社員であったとしたら、さぞかしまじめに働いているかもしれませんね。けれども、新入社員ほど、仕事に対する希望を打ち砕きやすいものです。なにせ、新人の頃は、会社の中で、最も「働き方」が自由にならないものだから。

上からいわれた通りにするしか、先輩から命令されたように動くしか、ないわけで。そのうえ、何かにつけ、「こんなことも、できないのか！」「これくらいはできて、当たり前だろう」などといやみをいわれ、責められて。

何かに困って、「わからないので、教えていただけませんか」と聞いても、「前に、いったよね」「あれ、聞いてなかった？」「自分で考えてみて！」などといって、教えてもおらず、その新人にだけ情報をまわしてもいないのに、いやみで返して、困らせては、それをその場で教えない〝あきれた先輩〟も多いのですから。

すぐにその場で教えてやれば、次に進めるものを、いちいち新人をいじめて、何かを止めて、悩ませては、責任をとらせたがる！　もし、自分たちも先輩にそうされてきたことで困ったというのなら、同じことをするのはやめることです。

辛いしわ寄せはすべて新入社員や、おとなしくて、何も意見をいえない人にやってきます。弱い者いじめがなくならない限り、会社という組織の中では何も良くなりません。けれども、もし、会社で、何か意見をいおうものなら、いった人が不利になる場合は多々あるものです。だから、結局、誰も何もいえず、会社の体制に問題があっても、誰かが悲惨な状態にいても、見て見ぬふりをして、自分はおとなしくしているしかなくなるのです。

さて、**どこまでがんばればいいのかを、ほとんどの新入社員はわからないでいるものです。なにせ、社会に出るのは、それが初めてのことだからです。**

それが「仕事だ」といわれれば、どんなことも必死でやるしかなく、そのまま限界点を越えてしまうことは、多々あります。

新人の場合、その会社の中の出来事の良し悪しを他に比べるものもなく、それゆえ、与えられた仕事の内容や量ややり方など、辛く、厳しい状態でも、「それが会社というものなのか」と思えば、それをがまんし、がんばるしかなくなるわけです。

そうして、最も自分を助けないといけない存在の自分が、やがて、自分を追いつめる立場にもなっていくものです。

どんな場合も、忘れてはならないのは、「自分しか辛さの限界はわからないし、自分しかそれを知りえないし、自分しか〝不本意な状態〟を止めたり助けたりできる人はいない！」ということです。

「いつか誰かが、自分をなんとかしてくれるだろう」なんていうのは、とんだ間違いで、そんな助けを待っているうちに、事態が手遅れになってしまいます。

まじめで、責任感のある人ほど、すべてを〝自分ひとりで〟なんとかしようとしてしまいます。他の人に迷惑をかけないよう、親に心配かけないようにと、ひとりで辛い状況を抱え込んで。

そのとき、会社でも、家庭でも、その人がどれほど悲惨な状態にあるのかをよけいにわからなくなり、そこに、悲劇があるのです！

もし、少しでも、その本人に、〝いいかげんなところ〟でもあれば、ズル休みもできただろうに。まじめさがたたると、自己を追い詰め、壊すしかなくなるから、やっかいなのです。

ひとりでがんばってはいけません！　相談できる人も、何かを頼める人も、あなたの力になれる人も、まわりにはたくさんいるのだから！

まじめでなくてもいい、ゆるくてもいい、少しくらいちゃらんぽらんなところがあってもいい。会社になんか行かなくていいから、健康で、元気でいてほしい！　それがあなたに対する唯一の願いです！

自分の心や体を壊してまで、偉い誰かになろうとしなくてもいい！　エリートコースを歩かなくてもいい！　それよりも、「毎日が、楽しい♪」ということをやり、イキイキ輝いていてほしい！　そんな、あなたのよろこばしい笑顔をずっと見ていたいから！

晴れて、自由になろう

甦り、もう一度、輝いて生きる秘訣☆
それは、いったい、どんなこと!?

ストレスと過労で病気になるくらいまで自分を追い込むような生活をやめるとき、人はすべての苦痛から救われ、そこから人生も好転します！

いまの会社や仕事のせいで、あなたが何らかの辛い状況下にあり、なにもかもうまくいかず、もはや限界だというのなら、一刻も早く、見切りをつけることです。

「最低でも3年はここにいないと、いけない」などと、そんな故意に作った価値観や理屈のもと、不本意な会社に居座り続ける必要はありません。あなたに限界がきているなら、なにもあと3年も待つ必要はないでしょう。

また、入社してすぐに、「やっていられない！」というような状態に陥ったり、会社のよろしくない事情がわかったりしたというのなら、あるいは、最初の3か月で、「先が見えた」というのなら、その時点で去ってもいいわけです。それも、賢い選択のひとつです。

早い段階で、見切りをつけられたなら、被害は最小ですむものです！

悩んでズルズル何かを引き延ばすより、新たな人生を迎えるべく、とっとと辞めてしまいましょう！「いつ、そうするのか？」その決断は、自分次第！

たとえば、会社を辞めたくても辞められないという人の中には、いまだに、「一度入った会社を、そう簡単に辞めてはいけない」「もしいまの会社を辞めたら、転職するのは難しいだろう」「世間に笑われる」と、〝辞められない！〟というネガティブな思い込みを抱えている人もいることでしょう。

それゆえ、不満でしかない仕事や、やっていられないような環境をも、あまんじて受け、必要のない辛抱を長期間にわたって自分に強いているのです。

けれども、本当は、「辞められない」のではなく、「その理由にこだわっているからこそ、自分が辞めないようにしている」だけなのかもしれません。
「辞めたいのに、辞められない」という〝思い込み〟がある限り、人は、辞めるための実際の行動をとれなくなるものです。それが強い暗示となり、その通りのことを本人に強いてしまうせいで。

恐ろしいことに、そういった強い〝思い込み〟をずっと抱えていると、やがて、それは、「お前は絶対に会社を辞められないぞ!!」という悪魔の呪いのように作用し始めるもの。
自分に呪縛をかけ、それによってがんじがらめになり、いやな現実に自分を縛りつけてしまうことになるわけです。なんとやっかいな！

会社を辞めたいけど、辞められない人が、すんなり辞められるかどうかや、辞めたあと、いまより幸せな人生を叶えられるかどうかは、なにも「方法」にあるのではありません！

その呪縛を、自ら、「解こうとするかどうか」にかかっているだけです！

それを解くには、「辞めたい！　だから、辞めるぞ♪」と自己宣言し、自分を救って、「もっと幸せな働き方をする！」と決めるだけでいいのです。

そうすれば、あなたは正しい判断と決断をすることができ、それによって、正しい行動をとれるようになります！

そのとき、あなたは新しいエネルギーが湧きあがり、新たな人生を叶える〝最善の方法〟を見出し、それをすんなり叶えることができます！

わかっておきたいことは、〝おかしな呪縛を解いたときにしか、奇跡は現われない！〟ということです。

物語の中でもそうでしょう……美しいお姫様が死んだような状態から、息を吹き返し、イキイキと復活し、幸せあふれる人生を取り戻すのは、決まって、呪いが解けたときです！

いまこそ、晴れて、自由になり、本望の生き方へと、入っていきましょう！

幸せな選択と行動に出る

何もがまんしないでください。
たんに、快適な場所に行ってもいい

人の人生が変わる〝きっかけ〟というのは、大きくわけて2つあります。ひとつは、何かに追い込まれたり、どん底に落ちたりしたとき。もうひとつは、新たな場所や夢や希望をみいだしたときです。

新たな場所に移りたいというとき、なにも辛い状況に追い込まれてからにする必要も、逃げるきっかけができてからにする必要もありません。ちなみに、辛いがまんをしているということ自体、〝しなくてもいいことをしている証拠〟です。

たんに、**自分をもっと元気にするためや快適にするため、別の興味に向かうためや、より幸せになれる世界に行くために、辛いことを辞めたっていいのです！**

たとえば、仕事や働き方や職場に、なにかしらのがまんや抑圧やストレスがあるというとき、それは大きいより小さいほうが〝まし〟にみえるものです。それゆえ「これくらいのことは、がまんしよう」となり、目をつむりがちです。

しかし、小さいからといって油断はできません。大きいか小さいかよりも考えるべきことは、いったい、それが〝いつまで（どのくらいのスパン）続くのか〟ということです！

それがどんなにささいなことであれ、避けられないがまんや抑圧やストレスがエンドレスにあるとしたら、そこにはいづらく、支障や問題がでるのは、時間の問題でしょう。

不本意な場所を離れ、より良く幸せに生きようとするときに大切なことは、それを保障してくれる何かを探すことではなく、自分が自分に「ここから、もっと幸せにしてあげる！」と、誓うことです！

なにか保障がないなら、次に移れません、先にも進めませんというのは、なんとも頼りない他力本願な生き方ではないでしょうか。

そんなことで、どうして自分を救い出せ、この大切な人生を望むもの、幸せなものに、していけましょう！

その後どうするかは、不本意な場所から離れてから、考えても遅くはないのです！

Chapter 4☆

癒されながら、前進する♪

セルフケアし、パワーを充電☆
ぼちぼち復活していくために

好きなだけ寝て、好きな時間に起きる

睡眠が与えてくれる〝自己再生力〟を知り、細胞ごと魂ごと甦る！

それが体を壊したのであれ、精神がまいったのであれ、なにか働く意欲がなくなったのであれ、あなたが会社や仕事をしばらく休むことにした、あるいは、辞めたというのなら、まずは、自分をしっかり癒してもらいたい！

人は、癒されるとまた前に進めるが、癒されないうちはまったく前には進めないものだから。

自分を癒すために必要不可欠なことは、たっぷり睡眠をとること♪

人は寝ている間に、日中の疲れを快復させ、失われたエネルギーを補給するようになっています。たっぷりの睡眠は、生命力の充電を叶えるものとなり、心身の疲れをすっかり取りさってくれます。

これまで仕事のせいで、眠る時間もまともになかった、疲れすぎていたというのなら、目覚まし時計から、完全に自分を開放し、体の素直な要求に応えてやるのもいいでしょう。爆睡もＯＫ！

睡眠は、体にのみ大事なのではなく、魂にとってもとても大事なもの！　あなたの心の奥の深い領域にある潜在意識は、その中にたまったネガティブなものを、あなたが睡眠中に宇宙に出かけ、解放しているのですから。また、そのとき、未解決の問題を解決させる方法をも宇宙からひろってきて、翌朝あなたにポンッともたらしてもくれます。

潜在意識の浄化、再生、活性化には、なにより睡眠が必要だったのです！

ちなみに、潜在意識こそ、あなた自身や人生をあなたの望むものにしてくれる運命の創造主！　その魔法の力を弱めないよう、しっかり睡眠・休息をとり、いつもの元気な自分をキープできるようにしておきましょう！

いつもの元気な自分でいるとき、たいがい、あなたは、なんでも軽く、うまく、こなさせるものです！

こういったことを考えると、毎日、睡眠不足で会社に行っていたときには、自分がこれからどうすればいいのかについて、何もいいことが浮かばなくなっていたというのも、納得できる話です。

心と体と魂は、奪われ続けたエネルギーと失われた自己を取り戻す際、必ず睡眠を活用します。

そして、あなたがやすらぐその間に、より素晴らしい未来と次のステージを叶える準備を静かに水面下で整え、そのあと現実にもたらしてくれるのです！

のらくら過ごす

しばらく何もしなくていい!?
〝早く何かしなくては病〟もついでに治す

会社を辞めたあと、最初の1～2か月くらいは、誰でも開放感に包まれて、ほっとしているものです。好きな時間に寝て、好きな時間に起き、パジャマのままキッチンにやってきてどれだけうろうろしてもかまわない。しばしソファでボーッとするもよし。

朝食をあわてててかけ込む必要もなく、時間はあるのだから、ゆったり、のんびり、味わって食べていい。

仕事と時間に追われ、つねに〝やらなくてはならないこと〟がせまってきていたときには、食事をとっても口に入れたものをまともに味わっているひまもなく、砂を噛んでいるようなものだったのだから。あるいは、食事抜きという酷なことすらしていたのですから。

仕事を辞めたことによって、生まれた貴重な時間を思いきり自由に満喫するチャンスは人生にそうはないでしょう。辞める選択をして、そうしたのなら、ひととき、何もせず、のらくらすることも許可し、その大切さも認めましょう!

とはいうものの、1か月、2か月と過ぎると、人は何かとあせりを覚えるものです。「早く次の仕事を見つけないといけない!」「このまま、こうしていたらダメになるのではないか」「早く、何かしないと!」と。

しかし、あせりは禁物です!

心や体を元の元気な状態に快復させ、ベストコンディションに整えずして、どうしましょう!? 早まったところで、どんなまともなことができましょう。

いっそ、ついでに、その「早く何かしなくては!」という病も治すといいでしょう。「急がなきゃ病」も完治させましょう! そういう性質がある限り、あなたは生き急ぎ、また次の場所でも、同じことをしがちだからです。

まじめさだけがとりえで、融通がきかず、心配性の人間は、こんなときでさえ、ゆっくりできないものです。

完全に復活したいなら、より幸せに、ベストな形で社会復帰したいなら、辞めたあとしばらく自分を完全に癒すまで（この期間は人によって違うだろうが）、〝なんのあてもない生活〟にひたっても、損はしません。

そう許可せずして、どんな立派な復活が果たせましょう。

時間を気にせず、まわりを気にせず、ただ自分の心と体のことだけを思いやりましょう。何かをしたいのならすればいいし、したくないならしなくていいのです。

のらりくらりと、のんびり過ごすことで、ひととき完全に脱力状態になってみてください。そのとき、自分のどこにも力むものがあってはいけません！

というのも、完全に身も心もゆるむことでのみ、細胞とエネルギーと運命の調整が可能になるのだから！

好きなことにのみ、ふれる

心が自然に惹かれ、体が素直についてくるものだけ、相手にする！

会社を辞めて、家にいるとき、部屋でのんびりするのもいいですが、お天気のいい日には、たまには散歩にも出ることです。特に、うつっぽくなっていた人は、青空のもとへ♪降り注ぐ太陽の陽射しをふんだんに浴びれば、幸せホルモンともいわれるセロトニンも分泌しやすく、気分も晴れるでしょう！　太陽の光は、無条件に人の心を明るく照らすもの。その光とパワーを取り込み、エネルギーチャージしてください。

いつもの明るさを取り戻したら、なにか、少し、やってみたいという気持ちにもなることでしょう。とはいうものの、まだ、次はどのように働きたいのかが決まっていないうちは、慌てて仕事を探す必要はありません。仕事のことは少し脇へ置き、心躍ることにふれてみましょう！

映画を観る、コンサートに行く、カラオケで歌う、体を動かす、絵を描く、本を読む、料理をする、ジムに通う、買い物に行く……あるいは、誰かに手紙を書く、電話する、会ってみる、など。いっそ、どこか遠くへ（近場でもいいが）自分探しの旅に出るとか。

仕事ばかりしていた頃は、仕事しかやることがなかったわけです。その分、いまは、仕事以外のことに時間を使い、自由とよろこびを満喫するのです。

この、何かやる際の注意点は、「好きなことのみ、やること♪」です！

仕事を辞めて、次を模索中の時期は、好きではないことや、気乗りしないこと、おっくうに感じることはやらないことです。

「こんなことも、やっておいたほうがいいのかなぁ」と、頭で考えることではなく、心が自然に惹かれることや、興味がわくこと、無条件に楽しいこと、体が軽やかに向かうこと、わくわくすることを、おススメします。

自由な時間、自由に何をしてもいいのだから、最も心が向かうもの、最も楽しいこと、最もハッピーなことをやればいいのです！

理由は、その楽しい気分、ハッピーな感覚、よろこばしいエネルギーを、自分の中に取り込んで、生きる力を湧きあがらせるため！

しかも、そうやってふれていることのすべてが、のちに、自分を天職に導いてくれることもあるからです。

思いついたことをやってみる

ふと、何気なくしたことが、
想像もしなかった奇跡を呼び込む！

さて、前項について、勘違いしてほしくないのは、会社をやめて、のらくらしたり、好きなことをしたりするのは、なにも、辛い日常から気をそらすためでも、働いていない罪悪感から逃れるためでも、たんなる暇つぶしでもありません。

好きなことをするのは、その時期の自分にとって、とても偉大なことだからです！　のちの運命を変えるきっかけとなるような、大いなる可能性をも秘めているからです！

たとえ、運命が変わらなかったとしても、心が晴れ、暮らしが充実することは、まちがいありません！

ある作詞家の大先生のデビューは、仕事で体をやられてしまい、入院せざるをえなくなり、泣く泣く会社を辞めたことがきっかけでした。

入院中、最初の頃、彼はとても落ち込んでいました。「自分はもう社会から見放された」「こんな自分を必要としてくれる場所など、どこにもない」と。

いまの自分にあるのは、病に侵された体と、ベッドで寝転んでいるだけのたっぷりすぎるほどあり余る時間のみ……と、ため息ばかりついて。

しかし、あるとき、その気分を晴らそうと、なんとなく彼はノートに、つらつらと詩を書き始めたのです。その時、彼は気づきました！

「ああ、なんて楽しいんだ！　書いているだけで、心が救われる……そうか！　これなら、病気の自分にでもやれる」と。

時間がたっぷりあった彼は、とにかく毎日、少しずつ、詩を書きためていきました。そうしているだけで、生きている気がしたからです。

そんなある日、お見舞いにやってきた知人に何気なく書いたものを見せたところ、それがきっかけで、のちに音楽関係者とつながることになり、その才能を認められ、デビュー！

その後、彼は、プロの作詞家になり、バンバンヒットを飛ばしました。

もし、会社を辞めることになっていけなれば、病気になっていなければ、そういう幸せな奇跡にもめぐりあえていなかっただろうと、彼自身、のちに語っています。

自分を、自由に泳がす

何の制約もないフリーな状況の中に、ふいにつかめる宝物がある

会社を辞めて、まだ、次に何がしたいのかを考えることもできない人、まったく未来がみえないという状態の人は、難しい顔をして固まっておらず、とにかく、自分を自由に泳がしてください。自分になにひとつ課さず、時間的な設定もせず！

いや、これは、いまはまだ会社を辞めていないけれど、仕事が辛いという人にもおススメです。休みの日にはそうしてほしいものです。

自分を自由に泳がすことで、完全なる解放を味わい、そこから自然に何を思う自分がいるのかを楽しんでほしいのです！　それが、あとの自分の人生におおいに役立つものとな

るはずです。

それを私は、毎月170時間の残業を強いられ体を壊し、仕事を辞めざるをえなかった自分の息子に実行させました。彼を完全に自由にさせました。家でふさいでいるより、のびのびと、なんでもやってほしいと。本来の明るく元気な自分を取り戻し、復活し、もう一度輝いてほしい！　と。

そのきっかけは、私がつくりました。あるとき、私は、彼の部屋を訪ねて、こう声をかけてみたのです。「せっかく時間がたっぷりあるのだから、自由になんでもしたいことをして過ごしてみてね」「別に……やりたいこともないけど……」「じゃあ、何か本でも読んでみたら？　少しは何かの役に立つかもよ。まぁ、気がむいたときにでも、ね」と。

自慢ではありませんが、我が家には私が買い込んだ良書や私自身の著書がたくさんあります。本に困ることはありません。けれども、彼は、これまでそれらを手にとったこともありませんでした。それゆえ、このときも、「じゃあ、いつか読むかも……」というだけで、タブレットをひらいて、ゲームをするだけでした。

ゲームに夢中になっている姿を見て、何度も私は、「そんなことをせずに、本を読め！」といいそうになりましたが、そこはぐっとこらえ、様子をみることに。

ゲームでもして気晴らしになるなら、落ち込んで暗い顔をしているよりはいいかと。

とにかく、1年や2年、彼が何もしていなくても見守ろうと私は決めていました。その間に、しっかり心も体も癒して、明るい、好奇心に満ちた元気なあの子に戻ってくれたら、それでいいと。

そうして、どれくらい、彼に何もいわず、自由にふるまわせていたときか、ある日、突然、彼が私の部屋に来て、こういったのでした。

「本棚を見せて……この中のどの本から読めばいい？　何かおススメのいい本はある？　どれが良さそう？」

「えっ!?　本を読む気になったの？　無理しなくていいよ」と、私は驚きました。

なんでも彼の話によると、いつものようにゲームをしていたら、その中でトランプ占いみたいなものがあって、そのカードをめくってみたら、エンジェル・メッセージなるものが現われ、そこに、「今日のラッキー・キーワード☆　本を読むと、いいことがあるよ！」などと、あったらしいのです。

そのメッセージをみたとたん、急に本を読んでみようかなという気になったのだと。なんと、あきれた。親のいうことではなく、ゲームの占いのいうことを聞くとは（笑）。

しかし、これも一種のシンクロニシティだと、私はピンときたのです。

私は彼に本を通して、〝自分の内側〟を見つめるチャンスをつかんでほしいと願っていました。きっと、息子の心の奥底でも、自分自身や人生を見つめ直したいというものがあったに違いありません。それゆえ、つながったのです！　２人の潜在意識とあの占いの言葉が！

とにかく、**きっかけは何でもいい。要は、そこから、どう前に進むのか！　それにかかっているのですから。**

彼は、本を持って、毎日どこかにフラッと出かけるようになりました。聞いてみると、静かなお気に入りのカフェをみつけたらしく、そこで、ドリンクを飲みながら、ゆったり読書をしているのだというのです。自分の部屋があるのに、わざわざそこへ出かけたいそうなのです。そうして、こう話してくれました。

「好きなことをしていいといわれたとき、特に好きなこともないから何をしていいかわからなかったけど、カフェに行って、本を読むと〝楽しい♪〟とわかったから、そうしているんだよ」と。

そして、あるとき、私は彼を「飲みに行く？　焼き鳥屋さんにでも♪」と誘ってみました。「行く」といっても、「行かない」といっても、どちらでもいい。彼の気持ちにまかせようと。すると、なんと彼は、うれしそうに「行く♪」といったのです。「おお！　決まりだね♪」

焼鳥屋に行って、２人はウーロン茶とジンジャエールを頼みました。実は、飲めないけれど、「飲みに行く」のが好きなのです。「２人とも、ノン・アルコールかよ」と笑いあいました。

　彼は、ようやく〝会社を辞めた絶望感や罪悪感〟からも、〝他人との比較〟からも自由になったのか、自分の生き方をそれなりにあれこれ考えていたようで、いろんなことを話してくれたのです。彼はウーロン茶をひと口飲んで、笑顔でこう話してくれました。

「本って、おもしろいね♪　そうだ、いま、ちょうどこういう本を読んでいるんだ。これ、知っている？」

　そういうと、彼は自分の鞄の中から、２冊の本を差し出しました。ひとつは、昔から有名な心理学の本と、もうひとつはポップなつくりの哲学書。

「最近ようやく、本って、本当におもしろい！　って、そう思い始めたよ」

「それなら、よかった。お母さんも本が好きで、なにかに悩んだり迷ったりしたときは、いつでも本をみかたにしてきたのよ。今度は、マーフィー博士を読んでみて、おもしろいから！　でも、そのうち、あなたも本を書いてみたら？　楽しいかもよ」

「えっ!?　書くの？」

「そうよ。読書好きな人は、書きたいという気持ちが芽生えてくる人も多いものよ。お母さんも最初、そうだった。

ジャンルにこだわらずに、ピンッときたものを読みあさっていくと、そのうち、ふいに、感動を覚える1冊に出逢うことになる。そうして、心が、いや、何か魂の奥底が揺さぶられるのよ。

そのとき、〝ああ、こういうものを、自分も書くことができたら、どんなにいいだろう〜〟って、思うものよ。そこから、興味がふくらんで、何か書きたくなって、書かずにはいられなくなって、やってしまっているわけよ！」

「でも……本の書き方なんてわからない。習ってもいないし」

「本は、習ったからといって書けるものでもないし、習わなくったって、書けるよ。だって、技術的なことじゃないのよ、本を書くって！　心なの！

心が何を伝えたいのか、世の中に何を訴えたいのか、それがあれば誰にでも書ける。書けないというのは、結局、人に伝えたいことや、世の中に訴えたいことがさほどないということかもしれない。でも、心は、〝こういうことって大事だから、伝えなきゃ！〟って、騒ぎ出すから（笑）書かずにはいられないのよ。」

「そうか、方法じゃなくて、心か……なら、職業・作家も……未来の候補に入れてみようかな～（笑）」

そんなジョークをいえるまで、息子は元気になっていました。

そうやって、毎日カフェに行くたびに、私の本棚から気になった本を2～3冊鞄に入れては出かけていました。それは、朝早い時間のときもあれば、お昼のとき、夜遅いときもありました。

そうやって、何の時間の制約もない、誰の目を気にすることもない中で、ただただ気分にのみまかせて、自分がしたいことをしたいときにすることを、ひととき楽しんでいました。

自分を自由に泳がせるとき、夢の冒険が始まります！　その冒険の場所が、近場であっても、必ず、何かしら新しい発見が待っているのです！

息子の顔に笑顔が戻り、言葉が前向きになり始めたのは、その頃からのような気がします。そうして、ある日、彼はこういってきたのです。

「やりたいことが、みつかったよ！」

会社を辞めたことで、すべては終わったのではありません。むしろ、そこから始まっていくのです！　本当に自分にあう、好きなことを仕事にできるような素晴らしい世界が！

Chapter
5☆

ハッピースタイルを叶える

のびのび、ゆる〜く☆
“理想の領域”に入っていく方法

求める仕事がないなら、いっそ自らつくる！

「前職」と「いまの憧れ」☆
ドッキングさせたらうまくいったエピソード

興味や欲求、ちょっとした発想ひとつで、いくらでも楽しく夢のあることを仕事にできるし、理想的な働き方はできるし、どんな贅沢で幸せな人生も叶えられるものです！

もし、自分が望む仕事や、思い描くような仕事が、この世の中になかったとしたら、そのときは、自分でつくったってていいのです。

それが仕事であれ、叶えたい夢であれ、思い描いたものを現実のものにできる人と、そうでない人の違いは、いつでも、それを〝本気で望んだかどうか〟にあるものです。

そして、その望んだことに対して、どんなささいなことでもいい、何かひとつでも、実際に、アクションを起こしたかどうか、その違いなのです。

次にご紹介する男性は、まさに、オリジナルな自分の仕事を生み出した、ハッピー体験を叶えた人です。

それは、ずいぶん前のことですが……ある20代後半の男性から、相談がきたのです。それは、「もう、何を仕事にすればいいのか、どうやって生きたらいいのか、まったくわかりません！　僕はすべてを失いました！　もう、生きていけそうにありません。助けてください！」という悲痛な叫びから始まったものでした。

彼は、それまで整体師の仕事をしていたといいます。結婚し、可愛い子どもにも恵まれ、幸せに暮らしていたのです。ところが、あるとき、勤めていた整体サロンが経営悪化で潰れたのです。

突然、職を失った男性は、意気消沈しました。けれども、養うべき家族があり、落ち込んではいられないと、次の職を必死で探したのです。

しかし、なかなかすぐにいいところは見つかりませんでした。やっと、採用！　と連絡のあったところは、前の会社より給与が低かったり、勤務地が遠かったり、勤務体制にどこか無理があったりして。

彼は、家族のためにも、できるだけいい条件のところに再就職したいと思い、いろんな要望のもと、必死に活動しましたが、あせればあせるほどうまくいかないのでした。

そうして、次の仕事が決まらないままの状態が４か月続いたとき、突然、奥さんから、こう話を切り出されたのです。

「……離婚してください。このまま働いてくれないなら、もう、別れたいです！」と。

彼は、悲壮な顔で私にこういっていました。「僕は、なにも、働いていないのではなく、働けなかっただけです！　いや、働く気力はあるし、行動もしていたのに、働かせてもらえなかっただけなのです！　働く場を誰も与えてくれませんでした。僕なりに活動したんです！　決して、なまけていたわけではない！

それなのに、妻は、僕を罵倒し、離婚だなんて……なぜ、こうなってしまったのか……」

たとえ4カ月であっても、奥さんはその時期の彼に、とても強い不安を抱いていたのでした。そうして、酷なことに、奥さんは彼にこうもいい放ったといいます。

「いまのあなたは、本当に情けないわ！　もう、何も魅力を感じない！　1日も早く、出ていって！　でも、養育費はしっかりいただくわ！」と。


職を失って、次がみつからないというだけでもかなり心労たたるところに、愛する奥さんからのきつい別れの言葉と多額な養育費の請求に、彼は、なにもいうことができませんでした。いわれるままに判を押し、要求に応じるしかありませんでした。

そうして、困り果て、

「こんな状態で、どうすればいいんですか⁉　教えてください‼　僕にはわからない！　僕の人生はこれで終わりなんですか⁉　仕事もまだ見つかっていないのに、養育費の請求があり、毎月何万円も支払わないといけないんです。

無職の僕にはそれは本当にきつい……こんなこと、誰にも相談できない……人生、もう、おしまいだ！」と、彼は嘆きと悲しみとともに私に相談にきたのです。

彼は、職を失うつもりはありませんでしたし、離婚するつもりもありませんでした。まだ奥さんを愛していたし、子どものそばにもいたかったのです。それゆえ、なんとか、もとに戻りたいのだと。

私は、まず、彼に自分自身を立ち直らせることが先決だと伝えました。奥さんと子どもを迎えに行きたいといっても、仕事がないと相手にもしてもらえないでしょうと。

そこで、まずは、仕事について話してみたのです。「どんな仕事ならやれそうなの？」と。するとと、彼は、整体と、旅行が好きだと。

「じゃあ、そういう方向で仕事を探せば？」と私はいってみたのです。

すると、彼は、「ええ、整体は得意なことですが、もう自分はそれをやり切った感があるんです。それに、毎日何人もの施術は、かなりしんどかった……それで、別のことをと、好きな旅行関係も考えてみたんです。でも、世界のあちらこちらをひとりで旅するのが好きなのであって、なにも旅行会社で働きたいわけではなく……だからといって、整体に戻るとしても、いまは競合他社も多く、また店が潰れやしないかと不安で」と。

しかし、自分には何のとりえもなく、整体以外は何もできることがないし、それ以外のことを見つけられる気がしないというのでした。

そのとき、ふと、私の中にあるひとつのアイデアが閃き、こう話を切り出してみたのです。

「そうだわ、豪華客船よ！　船は好き？」

「あっ、はい、好きです！　豪華客船に乗って、ずっと、世界中を旅していられたなら、どんなに素敵な人生だろうって、何度も考えたことがあります！　……でも、いまはそんな船で旅をするお金もなく……ただの夢ですよね……」

続けて、私はその閃いたアイデアを、こう伝えたのです！

「じゃあ、その夢を叶えようよ！　それをそのまま仕事にするのよ！」

「えっ!?　どういうことですか!?」

「豪華客線の中で、あなたは整体の仕事をするのよ♪　船の旅は長いし、疲れる人は絶対に多くいるわ。その豪華客船や関連先と契約して、そこであなたは仕事をすればいいのよ。それなら、船が着くいろんな街を、しばし旅することもできるんじゃない!?」

「それは、すごい！　……でも、そんなアイデア……いったいどうやったら、〝本物の現実〟になるんですかねぇ……」

「明日、すぐに豪華客船の関連会社に電話して！　そういう企画ツアーを組んでいる会社でもいいわ！　とにかく、関係していそうな会社すべてにかたっぱしから連絡するのよ！　いまこそ、豪華客船に乗り込んで、好きな旅をしながら、自分の仕事をよろこんでするのよ！

きっと、そこには、すごい成功者やお金持ちのお客さまもいる。そういう人は、腕のいい人や、感じのいい人を、ひいきにするものよ。気に入ってもらえたら、何度でもリピートで呼んでもらえるわ。それに、そういう人と接することで、あなたも何かいい刺激を受けることはまちがいない！」

「……ああ、なんだか、わくわくしてきた！　僕、ダメもとで、さっそく電話してみます！　本当に電話しますよ（笑）いまのぼくにはどうせ何もない……だから、何も怖くないです！」

そのあと、彼からは何も連絡がありませんでした。

どうしたのかと気にしていると、半年後、ようやく彼から連絡があったのです。なんと、彼は私のいう通りに、行動し、豪華客船の中で整体の仕事に就いていたのです！

それだけでもうれしい報告なのに、その約2年後、再び、彼から連絡があった内容には、とても驚きました。それは、彼にとっては、奇跡のようなことでした！

なんでも、彼は、日本とオーストラリアを行き来する豪華客船に乗って仕事をしており、いままでは、以前と比べ物にならないほどお金にも恵まれ、東京とオーストラリアの両方に家を持っているのだと。

そして、時間ができるたびに世界を旅しているのはもちろんのこと、念願通り！　奥さんと子どもを迎えに行き、再び、一緒に暮らすことになったのだと！

彼からの長い報告メールには、こうも書かれていました。

「あのとき、もし、あなたに相談していなかったら、僕の今のこの幸せな人生はなかったかもしれません。なぜって、あんな発想、それまでの僕にはまったくなかったのですから(笑)!

でも、そのユニークな発想にわくわくして、勇気を出して1本の電話をしたことで、僕の人生は変わったんです!

あのとき、僕の背中を押してくれて、ありがとうございます。夢みる楽しさを教えてくれてありがとうございます!」と。

求める仕事がないなら、いっそ自分でつくればいいのです! 自分に意欲と興味と行動力さえあれば、やりたい仕事は、いくらでもクリエイトできるのだから! そのとき、他の誰でもなく、自分が一番それを目いっぱい楽しめるもの! 働いている気などせず、ただ、キラキラ輝いて!

もっとオリジナルであっていい！

“ひらめき”や“見えたもの”があるなら、おもしろがって乗ってみる

会社という組織の中にどっぷりと浸り、なにかとまわりと同じ意見にするようにし、他の人とあわせ、みんなと違うことをしないようにすることが「ふつう」になってくると、人は、想像性や創造性や独創性を失うものです。

また、何かをする・しないを決めるときにも、会社組織というところにいる限り、その判断基準は、いつでも、なんでもかんでも、過去のデータや、前例のあるなしでしか判断されないことになります。

そうなると、そこに、「心の開かれた人」や「先見性のある人」「天才」がいて、何かとてつもなく素晴らしいことや新しいことや、これまでになかった斬新なアイデアを持っていても、素直にそれをいいだせなくなるものです。

あるいは、いわせてもらえたとしても、そんな人と違った〝変わった意見〟を発表しようものなら、みんなに眉をしかめられ、あっさり切り捨てられることになるものです。

いや、それどころか、「また、あいつは変わったことをいいだした」と、みんなに〝面倒な人〟〝変人〟〝浮いた人〟にされてしまいがちです。

会社組織の中では、自分の考えを主張し、個性なんぞ出そうものなら、なんといって叩かれるかわからないし、出る杭は〝目障りだ！〟と、打たれまくるか、邪魔だと引っこ抜かれてポイッと外に捨てられるのがオチです。

そんなルールと制限と右に同じ的な集団の中にいて、人は、どうやって、新しい発想や、これまでと違った素敵な仕事を生み出せましょう。どうやって発展的な生き方ができましょう。どうやって、自分らしい、自分だけの、素敵なオリジナルの世界を創っていけましよう。

けれども、気づいてほしいのです！

何もみえていない人１００人が寄り集まって出す〃みんなが無難におさめた、もっともらしい意見〃より、たったひとりのみえている人が出す〃反発されるような意見〃のほうが、的をついていて、正しくて、すべてを変える力を持っていることもあるのだということを！

「みんなと同じにしなくてはいけない」という、おかしな無言の圧力のせいで、才能ある人は、いつも、会社という組織の中から、哀しいかな、落ちこぼれ的な存在になってしまうのです。

しかし、そういうことに気づいた人たちは、何も会社だけが仕事をできる場所ではないと気づきはじめるものです。そして、タイミングをみて、ひとり飛び出し、自分で何かを始めることになるわけです！

本当は、**人は誰でも、オリジナルな考えや発想や感性を持っており、それによっていろんなチャンスやアイデアや仕事を生み出せます！**

たぶん、この世の中の多くの人が、「これが、もっとこうだったらなぁ」「こうすれば、もっと便利なのに」「こんなものがほしいのに、売っていないなぁ」というものについて、ふと考えたりしたことがあるはずなのです。

オリジナルな意見を、ユニークなアイデアを、どれほどおもしろがって、自分のやりたい仕事や生き方に取り入れられるかで、仕事の意味や質も変わってくるものなのです！

働かない働き方をする

いっそ遊んで暮らす!?
それは、こうして叶えられる♪

「仕事の種類」も「働き方のスタイル」も、あなたが望むなら、自分で自由に選べるものです！　いつでも、選択権も、決定権も、結果の受け取り権も、あなたにあるからです！

「必死に働くのは、もう、こりごりだ！」「時間と仕事に追われるだけの毎日は、もういやだ！」というのなら、いっそ、「遊んで暮らす♪」を、叶えたっていいのです！

実際、遊んで暮らしているだけの人や、遊んで暮らしているくらいラフな働き方を叶えている人たちはたくさんいます。

さて、私が「遊んで暮らす♪」という、ある意味、当時、衝撃的だった考え方と、「自分もそれを叶えてみたい！」と思うきっかけになったのは、私が上京前まで勤めていた美容関係の会社の社長です。

彼は当時32才。27才で起業したのでした。どうしてその若さで社長になれたのかを、ある日、聞いてみると、彼はこう答えてくれたのです。

「僕、働くのがキライなんです（笑）。しかも、毎日、遊んで暮らしたいんです。それで、エステサロンを経営する会社を立ち上げ、技術や資格を持った女性に働いてもらえたら、僕は何もしなくてもいいかなぁ～と。でも、僕、お金の計算は好きなんです。だから、人に働いてもらって、僕はお給与の計算をする。でも、そんなこと、大したことではないでしょ。だって、そもそもおもしろいことなんですから（笑）」と。

しかし、その彼も、はなからそういう発想だったわけではありませんでした。最初、学校を出たあと、就職する気もせず、アルバイトを転々としては、その日その日をしのいでいたのでした。

そうして、27才のとき、エステの美容マシンをサロンにレンタルする会社に入り、マシンを運ぶドライバーの仕事についたのです。

「おお、これはなんだか、かんたんそう。車を運転して、荷物を降ろすだけなら、なんということない。さぼることもできそうだ」と。

そして、それなりに仕事を続けていたある日、ある高級エステサロンにマシンを運ぶことになったのです。いつも通り、マシンをエステに引き渡し、帰ろうとすると、よく顔をみるそのサロンの有名オーナーの男性に呼びとめられたのです。

「やぁ、T君、いつもごくろうさま。今日もありがとう！　ところで、君、このマシンを運んでいるだけって、それ、楽しい？　いったい給与いくらもらっているの？」

「……18万円です」

「えっ!?　たったそれだけなの？　そんなのでよくやっていけるねぇ。T君、いいことを教えてあげようか。そのマシンをこういうスペースに置いて、女性スタッフを雇ってそれを操作してもらうなら、君は何もしなくても、いまの倍以上のお金が稼げるよ」

「えっ!?」

「だって君、このマシンをレンタルする会社にいるわけだから、すぐに部屋をみつければ、やれるでしょ?」

それは考えてもみなかったことでした。その話が気になって眠れなくなった彼は、翌日、友人を呼び出し、その聞いた話をしたのです。「どう思う?」と。

すると、その話を聞いた友人は、「おもしろそう! なら、僕たち2人で、お金を出しあって、安い小さなスペースを借りて、やってみようか? ダメだったら、すぐにやめればいいだけだし」

そうして、彼らは、大阪で6万円のスペースをレンタルすることになり、さっそくスタッフを募集。すると、エステの経験のある女性が2人やってきたのです。もちろん、即、採用。

そうして、地元の無料情報誌や、格安の雑誌広告や、新聞チラシを使い、店の宣伝を出したのです。初回、特典つきで♪。

すると、想像以上のお客さまがやってきたのです！　それもそのはず！　彼らは、自分の会社にある最も画期的で素晴らしい、最新で世界最高峰の脱毛マシンを採用し、それなのに価格は業界の半額以下の価格にし、アフターフォローをどこよりも充実させたからです！

稼いだお金は、最初の２週間だけで、なんと！　２４００万円でした！

その後、問い合わせが増え、予約を取れないくらいになり、今度は新たなサロンをつくるべく、さらに人を雇ったのです。１年半のうちに、神戸、奈良、東京にもサロンを出すことになり、その年商はすぐに数億円になりました。

本社は、大阪の高層ビルの最上階にあり、彼はいつも、その本社の社長室から外を眺めては、「次はどんなおもしろいことをする？」とスタッフと楽しく話をしていました。

上京前、私はその会社の広報部長として、彼のアイデアや面白いプランにあわせて、ユニークな広告や宣伝に尽力しました。やがて、人気ファッション雑誌やテレビからも何度も取材されるほどに！

成功した彼はいつも、こういっていました。

「僕はここで働く女性スタッフみんなを、毎日、笑顔に、楽しく、幸せにしてあげたいんですよ。仕事をしている感覚がないくらい、おもしろい、いい経験をたくさんさせてあげたいし、やりたいということはどんどん取り入れてあげたいんですよ。ほしいという給与も、できるだけ叶えてあげたい！」

そして、

「僕が働かない分、みんなが働いてくれるから、僕はこうしてのんびりしていられる。だから、みんなが幸せになることを僕は〝自分の仕事〟にしようと思っています！」と。

究極のメンターは、好きなことを隠していた人

生きているうちに幸せになる☆
したいことを、来世にまわさない！

自分の中に宝物があるとも知らない人は、それをみつけようとすることすら、しないものです。もし、何らかのきっかけで、それをみつけたとしても、うまく生かせないものです。

ときには、まわりがそれをみつけて、認め、絶賛し、素晴らしい才能だ！　と褒めたたえても、かたくなに「たいしたことではない」と自己卑下し、せっかくの宝物を自ら葬りさってしまうのです。

そんなふうにしていたのは、亡くなった私の母でした。そして、そのことがあったから

こそ、私は、いまのように、自分の好きなこと、楽しいこと、輝けること、幸せになれることを、素直に今世で叶えることができたのです。

ここから、お伝えするエピソードでお伝えしたいことは、**「好きなことがあります。やってみたいことがあるんです。でも、もうそれは来世でいいです」といって、先送りにしないでほしいということです！**

いつでも、あなたが、もっとあとからならできるかもしれないと思うことは、いま、叶えられることでもある！　からです。

生きているうちに、元気なときに、やろうと思えば可能なときに、好きなことをし、楽しみ、めいっぱい幸せになってほしいのです。生きているうちにしないのなら、なぜ、それは、いま、あなたの中にあるのでしょうか。……もったいないことです。

母は、私と妹を女手ひとつで育ててくれました。その人生には、あまりにも試練が多く、彼女はいつも、心の辛さと生活の不安を抱え、戸惑い、悩み、苦しんでいました。

しかも、母は体が悪く、目の角膜の病気も患っており、ちょっと無理して働くとすぐに調子が悪くなり、働けなくなるのでした。女がひとり働いてもいくらも稼げない中、体調不良で休みがちになると、いつも手にするお金は少ないものでした。

母は、それでも、何とか私と妹を育てようと、旅館の仲居の仕事を一生懸命していたのです。

しかし、あるとき、過労がたたり、遂にダウンし、目も見えなくなりかけたのです。働けなくなるというだけでも怖いことなのに、目が見えなくなるという恐怖は、相当なもので、母はそのとき死んだような灰色の顔をし、まるで生きていないかのように呆然としていました。

あるときから、私と妹は、母が「自殺するのではないか」という恐怖に襲われ、学校に行くのが怖くなりました。学校に行っている間に、もし、何かあったら、絶対にいやだと思ったからです。そうして、妹と相談し、こうプランしたのです。「いいわね。私とあんたとで、交代で学校を休んで、お母ちゃんを見張っておくんやで、いいな」と。妹はこっくりうなずきました。私は中学生で、妹はまだ小学生でした。

母はいつも朝、目を昼まであけることができませんでした。開けると痛いということで、つむったままでした。それをいいことに、私も妹も学校へ行くふりをして、そのまま母のいる部屋の隅で息をひそめていました。

しかし、狭い部屋でなんとなく人の気配を感じれば、母はすぐに私たちが学校を休んでいることに気がつきました。最初の2、3日は、「お腹が痛かったから」「頭が痛かったから」「今日は、テストで休み」などと、うそをついても通りましたが、さすがに連日ではバレバレで、2人並べて、問い詰められたのです。

「あんたたち、なんで、そんなことをしているんや？　学校に行くのがいやなんか？」私は、「違うよ、お腹が痛かったから、休んだだけや」と。すると妹も「私も」と。

しかし、そんなうそを親はすぐに見破るものです。「うそや。ほんまのことをいうてみ」するとと妹がこういったのです。「おねぇちゃんがお母ちゃんを見張っていないと死んでしまうって」と、泣き出したのです。

それまで目を閉じたまま過ごしていた母は、ゆっくりと目をあけ、「ああ……目が痛い……見えにくい……」といいながらも、目をあけると、私たちにこういったのです。「……心配せんでもいい……なんとかするから……」

それから母は病院を変え、自分が怖いからと避けていた目の治療を本格的にすることにしたのです。そう、私たち子どものために。そして、自分も立ち上がるために！


そんなある日、母を心配した知人の男性が、母に絵を描く道具を一式持ってきたのです。キャンバス、絵の具、筆、鉛筆など。

「はっ？　目が悪い人に、なんでそんなものを？」と、私がそう思った瞬間、その人はこういったのです。

「休んでいる間の生活費を、いくらかカンパするから、心配せず、早く目を治してほしい。目が治ったら、これで絵を描いてほしい」と。

それは、その人が、母に〝治る希望〟と〝治ったあとの楽しみが待っている〟ことを示すために、用意したものでした。

そうして、いつからか、母は、自分の目の調子がいいとき、少しずつ、何かを描き始めるようになったのです。最初、母は、「動物の図鑑を持ってきて」といい、続けて、いつもこう聞いてきました。

「あんたたち、何を描いてほしい？」と。

すると、妹が「バンビちゃんがいい！」と鹿を指さし、いったのです。

「そうか、わかった、鹿やね」

そういったかと思うと、母は、畳の上にキャンパスと図鑑を置き、デッサンを始めたのです。それはあまりにもうまくて、私は母にそんな特技があったのかと、びっくりしたものです。

母は、それをきっかけに、他の動物や、花や、果物など、いろんなものを描きあげていきました。少し調子がよくなると、すぐにこんをつめて絵を描くので、すぐにまた目が悪くなったりしました。

あるとき、またその知人の男性がきて、母がたくさん絵を描いてるのを見て驚き、こういったのです。

「わぁ、とてもうまいね！　けど、そんなむちゃをしちゃいけないよ。また目が悪くなったらどうする！」

しかし、母は、

「目が見えなくなったらあかんから、いまのうちにこの子らに、残してやりたかったんや」

と。

母の絵を描くきっかけが、私たちに残すという愛からきているものだけに、それは感動的な、なにか、武者震いがするほどの迫力やオーラやなんともいえない繊細さがありました。

それから、どれくらい経ったときか、また知人の男性が家にやってきたのです。その人は、日本画の著名な画家が友人にいるということで、その画家に母のその絵を見せたのだと。すると、その画家の先生が、

「これはすばらしい！　そのままにしておくのはもったいない。個展をひらけば、売れる

くらいのものだよ！　たぶん、大きなお金になるはずだ」と。

そうして、知人の男性が、母の絵を個展に出し、売りたいからと、

「その絵を譲ってほしい。売れた代金はもちろんすべて渡すから、それで生活すればいい」

といってくれたのです。

けれども、母は「こんな絵、売れるわけない！　私が趣味で描いただけなんやから。夢なんかみたら、あかん。恥をかくだけや。そんな話は、持ってこないで！」と、つっぱねたのです。


私は見ていられず、すぐにこういい放ったのです！


「お母ちゃん、うまいって！　その絵を売ったらいいやん！　お金になるんやで！　生活の足しになるんやで！」

「あほなことを、そんな……なんでもお金やない……お金にせんでも……」

けれども、知人の説得のもと、母が手放してもいいといったいくつかの絵が人の手に渡

りました。その人たちはよろこんで買ってくれたといい、知人の男性がその対価を母のもとにもたらしてくれたのです。

それから、どのくらいした頃か、結局、また目が悪くなって、そこから二度と母は絵を描かなくなりました。

そうして私が20代のとき、母は57才の若さでがんでなくなりました。

遺品整理をするために、押し入れをあけてみると、なんと!! 大量の絵が出てきたのです! それは、いつ描いたのかというほどのたくさんの作品で、そのどれもが、イキイキと輝いていました。妹は、それを抱きしめ、号泣していました。また、押し入れからは、私と妹にプレゼントしようと編んでいた毛糸のセーターが、棒針が編みかけの形のまま、出てきました。

その他、布製のかばんや可愛いワンピースなど、母が私と妹のためにと手作りしたものがどっさり出てきたのです。

「お母ちゃんは、本当は、なんでもできたんやなぁ〜。こんなものたくさん作ったりして……

絵の才能あったのに、なんで、それに気がつかなかったのか！　なんでそれを認め、伸ばさなかったのか！　もし、その道の可能性にかけていたら、別の人生があったかもしれないのに！」

私は、みたのです！　そのとき、はっきり！

いまあるものを生かさなくて、何の宝物が、どこから生まれるのか、という真実を！　そして、あのとき夢中でうれしそうに絵を描いていた母の〝本当の姿〟と、魂の輝きを！

母は、本当は何者なのか……それは、〝旅館の制服を着た仲居さん〟ではなく、なんでもできる可能性のある、ひとりの偉大な人間だったのです！

そして、これを読んでいるあなたもまた、その容姿や服装やついている職業やどんな家に住んでいるのか、財布にいくら入っているのかになど、まったく関係のない、大いなる可能性に満ちた、かけがえのない素晴らしい存在なのです！

すべてを叶える偉大なものは、最初からあなたの中にちゃんとあります！

それをみつけ、認め、愛し、育てたとき、それがあなた自身とあなたの人生を彩り、輝かせ、何者かにしてくれます！

それは、まさに、この地上に、あなたがオギャーと産声を上げて出てきたときに、天界から魂に刻んで持ってきた、今世の「ミッション」を果たす宝物であり、あなたのピンチを大きく救える大事なものなのです！

だから、好きなことをしてください。楽しいことをしてください。おもしろいこと、興味あることをしてください。それができるよろこびを感じてください。その宝物を仕事にし、自分を救い、誰かの役に立ち、社会に貢献してください。

それがあなたの仕事になるとき、あなたの働き方は至上最高の幸せを叶えられます！

夢はみるより叶えるほうがおもしろいのです！

そして、それをするあなたのあとに続く、多くの可能性に満ちた人たちをサポートし、導いてください。そのとき、宇宙があなたたちをさらに導き、大きく大きく救います!!

最も辛いとき、可能性のドアは開く！

あなたは、何才からでも、
いくらでも、やり直せる☆ その4つの条件

好きなことや、楽しいこと、趣味のようなことや、まるで遊んでいるみたいに楽しいことを仕事にし、自由で、軽やかで、イキイキ輝く、自分らしい働き方をしている人たちは、〝行きたいところに自分を連れて行く〟たるに、自分が自分自身をサポートしているものです。

そういう行動を選び取ることで、憧れや望むものは、現実のものになるのです！

しかし、この世の中の多くの人たちは、行きたい場所や望む世界があったとしても、なにかしらの不満や、大きな不安や、辛い痛みや困難を経験するまで、変化を起こそうとし

ないものです。

もはや、そこにあるものになんら愛着もなく、やっていること自体を毛嫌いしているというのなら、そのときが、それを手放すときなのです！

しかし、そこにある状況がどんなものであれ、あなたがそれを愛さなければ愛さないほど、毛嫌いすれば毛嫌いするほど、あなたは余計それにしばりつけられ、離れにくくなってしまうものです。

それゆえ、もしも、そういう状況があるとするなら、そこに、愛と感謝と敬意を示し、きれいな気持ちで手放すようにつとめてください。

どんな道も、あなたがこれまで歩んで来た道は、素晴らしいものです。どんなコースにもその時それなりの意味があり、どんな場面にもあなたに何かを教え、気づかせ、成長させるものがあったのです。

また、その道を歩かなければ、わからなかったことや、感じとれなかったことは多くあり、その道を歩いてきたからこそ、本当に知るべきことを知り、得るべきものを得ることもできたのです。

あなたは、これまでの道で、幾度となく、辛いと叫び、ひとり大粒の涙を流してきたかもしれません。しかし、それは、不幸なことでも不運なことでもなく、宇宙があなたに「もう、そろそろ本当に望む場所に向かいなさい」と教えていたに過ぎないのです。

あなたがこれまで歩いてきた道に対して、笑顔で「ありがとう」と感謝を述べ、すべてを手放すとき、もっと良いものがこの人生によろこばしくかんたんに入って来ることができます！

なにかもっと良いものが来るのでない限り、あなたは何も手放す必要はないし、失わないのです。あなたの前途は明るく光に満ちていて、大きな可能性と奇跡が用意されています。希望を持って、本当に生きたい場所に行ってください。

人は、仕事やお金を失って死んだようになるのではなく、夢や希望を失うことで死んだようになるのです。

人生、もうだめだということはありません。「もうだめだ」と思うあなたがそこにいるだけで、実は、仕事もお金も進む道も輝かしい未来も、しっかりその先に、あなたのために、用意されています！

あなたの人生は、あなたにしか生きることはできません。あなたしか自分の道を歩くことはできません。誰も代わりに歩いてはくれないのです。

だとしたら、だからこそ、自分が、本当に、満足するよう、よろこべるよう、幸せな人生を、心底望む人生を、自分自身が選びとり、叶えるしかないのです！

感謝を込めた「あとがき」

あなたは、もっと大きく羽ばたける！

ミッションのあるところに、人は必然的に運ばれるもの

この本を手にとってくださった多くの読者の皆さま、ファンの皆さまに、心から感謝いたします。「この本に出逢ってくださり、読んでくださって、ありがとうございます」

また、この本を書店に置いてくださった全国の書店の皆さま、心より感謝いたします。「この本を、大切な読者のみなさまの手に届けてくださって、ありがとうございます」

この本を販売してくださったインターネット書店の皆さま、心より感謝いたします。「この本を、ひろく広めてくださって、ありがとうございます」

そして、今回、この本を世に出すチャンスを与えてくださった出版社・トランスワールドジャパン株式会社の佐野裕社長、担当の岡田タカシさん、本文デザインと装丁の谷元将泰さん、心より感謝いたします。「素晴らしいチャンスと、お仕事をいただき、自由に好きなことを書かせてくださり、ありがとうございます」

また、すべての関係者の皆さまに、心より感謝いたします。「私の知らないところでいろいろ尽力してくださり、動いてくださり、ありがとうございます」

そして！　この出版社と私を繋げてくださった経営コンサルタントであり、ベストセラー作家であり、私の大切な友人でもある菅生新さんに心より感謝いたします。「菅生さんのおかげで、この素晴らしいご縁が生まれ、本当にうれしく、幸せです。ありがとうございます」

この本の誕生は、まだ春浅いある日、突然決まりました。

菅生新さんのご紹介で、初めてトランスワールドジャパンの佐野社長と、岡田さんと、菅生さんと私とうちのスタッフの大澤が会ったのは、原宿のレストランでした。

予約されているというお店に行ってみると、初めて会うのに、みんな、なぜか、どこか、なつかしい香りのある人たちで、その優しくあたたかなムードに包まれたとき、大きな安堵に包まれました。

私を迎えてくださった佐野社長も担当の岡田さんも、どんな企画が出てくるのかを密かに楽しみにされているようなご様子でした。

紹介者の菅生さんも興味津々のご様子でした。ここから、何が、どう展開するのかと。

その日、私は、3つの企画書を持参していました。しかし、そのとき書きたかったものは、ただひとつ！　そう、この「働かない働き方」でした。

しかし、あまりにもその思い入れが強すぎて恐縮した私は、その企画をわざとさらりと話して、あとの2つについて熱弁していました。

もちろん、どれが決まったとしても、うれしいわけですが、人というのは本当に気持ちの入ったものは、心を隠すかのようになってしまうものです。

そうして、私が話し終えると、それまで黙って聞いてくださっていた佐野社長が、あるひとつの企画書を指さし、ぽろっと、ひとこと、こうおっしゃったのです。
「僕はこれが気になるなぁ～。これ、いいんじゃないの?」と。

おおーー!! なんと!! それは、まさに、私が一番そのとき書きたかったこの「働かない働き方」ではありませんか!!

その瞬間、「ですよね～♪」と笑顔で私が答え、「よっしゃ!」とガッツポーズをしたことで、成立。そのあとすぐに出版社に移動して、具体的な話が進み、あれよあれよという間に進行。

世に出したい、伝えたいメッセージが多かっただけに、私は、あっという間に原稿を仕上げられたのです。

というわけで、企画が通ってから、約1か月というスピードでこの本は誕生しました!

さて、仕事をしていて、毎回、思うことですが……

ひとつひとつの小さな仕事も、それを介して、たくさんの大きな世界を創り上げるものだということです。ひとつひとつには、意味があり、必然的にそこにあり、ひとつではなく、ひとりのものでもなく、すべて他の誰かの仕事や、なにかにつながっていて、大切なものを惜しみなく広げていくという〝ミッション〟をも持っているということです。

仕事という字が「人に仕える事」という意味から来ていることを考えると、人は誰もみな、自分のためではなく、他の誰かの役に立つために働いているということでしょう。

そうなると、ひとつひとつの仕事をおろそかにはできないし、大事にするしかない！　持ちうる力を惜しみなく出すことも必要！

と、あらためて目覚めさせられます。

そのとき、大それたことはできなくても、よろこんで働けたなら、残る宝物は大きいのかもしれません。

２０１８年５月　ありがとう……この仕事がある人生さん。
あの日、夢をあきらめなくてよかった。

ミラクルハッピー佳川奈未

《佳川奈未 最新著作一覧☆》

★☆★☆ **心と体と魂に優しいパワー・ブック☆ 青春出版社の本** ☆★☆★

◈『「いいこと」ばかりが起こりだすスピリチュアル・ゾーン』
《高次元にアクセスするガイドブック》　青春出版社

◈『「約束」された運命が動きだすスピリチュアル・ミッション』
《ハイヤーセルフが語る人生のしくみ》

◈『大自然に習う古くて新しい生き方人生の教訓』
《易経が伝える「幸福繁栄」の秘密》

★☆★☆ **楽しくてためになる講談社の本 なみちゃんシリーズ** ☆★☆★　講談社

《単行本》

◈『自分で運命調整する方法』☆佳川奈未本人登場！ DVD（52分収録）

◈『運のいい人がやっている気持ちの整理術』

◈『どんなときもうまくいく人の〝言葉の力〟』

◈『怒るのをやめると奇跡が起こる♪』

◈『あなたに奇跡が起こる！ 心のそうじ術』

◈『〝結果〟は、自然に現れる！』

《講談社＋α文庫》

◈『叶えたいことを叶えている人の共通点』

◈『怒るのをやめると奇跡が起こる♪』

◈『運のいい人がやっている気持ちの整理術』

★☆★☆ 幸せに豊かに〝いい人生〟を叶えるPHP研究所の本 ☆★☆★

PHP研究所

《単行本》

◈『おもしろいほど願いがかなう〝心の持ち方〟』

◈『手放すほどに受け取れる宇宙の法則』

◈『ビバリーヒルズ☆スピリット幸せに豊かになるシンプルな教え』

◈『あなたにとっての〝正しい答え〟を200%引き出す方法』

◈『運命の人は探すのをやめると現れる』

◈『恋愛革命』

◈『未来想定でみるみる願いが叶う』

◈『あなたの中のなんでも叶える〝魔法の力〟』

◈『強運な女の心の持ち方』

◈『望みのすべてを必然的に惹き寄せる方法』

◈『悩みによく効く！ 希望のタネ50』オリジナルCD付き♪

《PHPミラクルハッピーコミック》

◈『運のいい女、悪い女の習慣☆コミック版』

◈『ありがとうの魔法力☆コミック版』

◈『恋が叶う☆魔法のルール』

《PHP文庫》

◈『運のいい女、悪い女の習慣』（書き下ろし）

◈『成功する女、しない女の習慣』（書き下ろし

◈『ありがとうの魔法力』（書き下ろし）

◈『幸福感性』
◈『本当に大切なものはいつも目に見えない』
◈『佳川奈未の運命を変える言葉200』
◈『すべてがうまくまわりだす生き方の感性』
◈『みちひらきの魔法』
◈『おもしろいほどお金を惹きよせる心の持ち方』
◈『おもしろいほど願いがかなう心の持ち方』
◈『おもしろいほど「愛される女」になる魔法の法則』

★☆★☆ なみちゃん撮影ビジュアル&ポエムBOOK 中経出版の本 ☆★☆★ 中経出版

◈『恋がかなう魔法の法則』
（なみちゃん本人登場&なみちゃん撮影宮古島の美しい海辺と夕日の写真掲載）

★☆★☆ 自分らしくキラキラ☆ ダイヤモンド社の本 ☆★☆★ ダイヤモンド社

◈『船井幸雄と佳川奈未の超☆幸福論』

★☆★☆ 君への大切な贈りもの ポプラ社の本 ☆★☆★ ポプラ社

◈『いじめは2学期からひどくなる』

★☆★☆ セルフパワーアップ！ フォレスト出版の本 ☆★☆★ フォレスト出版

◈『あなたの中の〝叶える力〟を200％引き出す方法』

★☆★☆ スピリチュアル&リアルなヒカルランドの本 ☆★☆★

ヒカルランド

◈『願いが叶うスピリチュアルシークレット』
◈『宇宙銀行から、好きなだけ♪お金を引き出す方法』

★☆★☆ いつでも、いいことがいっぱい！　三笠書房のなみちゃん本 ☆★☆★

三笠書房

《単行本》
◈『願いがかなう１００の方法』
◈『なぜかお金に愛される女の習慣』

《知的生きかた文庫・わたしの時間シリーズ》
◈『きっと恋がうまくいく魔法の習慣』
◈『30分で運がよくなる魔法のノート』
◈『願いが叶う１００の方法』（文庫版）

★☆★☆ キラキラなみちゃんのマガジンハウスの本 ☆★☆★

マガジンハウス

《単行本》
◈『幸運予告』（初めての語りおろし特別ＣＤ付／約40分収録）
◈『幸運Ｇｉｆｔ☆』《エイベックス歌手デビューＣＤ付》
◈『富裕の法則』竹田和平&佳川奈未共著
◈『成功チャンネル』

《マガジンハウス文庫》（業界初！　一挙12冊オール書き下ろし！　12冊同時発売☆）
◈『必然的に成功する１００の方法』

◈『結果的にお金持ちになる100の方法』
◈『飛躍的に運がよくなる100の方法』
◈『恋愛運のある女、ない女の常識』
◈『母ほど偉大な人はいない』
◈『親と子の心を育む！　ハッピーメソッド』
◈『奇跡を呼び込む！　ありがとうの功徳力』
◈『金・薔薇・パワーストーン☆幸運の法則』
◈『夢を叶える！　とっておきの方法』
◈『あなたの心がもう一度まぶしく光り輝く本』
◈『大いなる存在からの教え』）
◈『僕が君を守るから』

★☆★☆ **ありのままで素敵に生きる女性へ　WAVE出版の本** ☆★☆★　WAVE出版

◈『金運革命』

★☆★☆ **素敵な予感あふれる日常の贈り物　日本文芸社の本** ☆★☆★　日本文芸社

◈『マーフィー奇跡を引き寄せる魔法の言葉』ジョセフ・マーフィー著／佳川奈未監訳

★☆★☆ **すべては必然！　最善！　ビジネス社のなみちゃん本** ☆★☆★　ビジネス社

◈『宇宙は、現象を通してあなたに語る』

［著者プロフィール］

佳川奈未（よしかわなみ）

作家。作詞家。神戸生まれ。現在、東京在住。株式会社クリエイティブエージェンシー会長。「心」と「体」と「魂」に優しい生き方を創造する『一般社団法人ホリスティックライフビジョン協会』会長。生き方・願望実現・夢・お金・恋愛・成功・幸運をテーマにした著書は、約150冊。海外でも多数翻訳出版されている。

アンドリュー・カーネギーやナポレオン・ヒルの「成功哲学」「人間影響心理学」、ジョセフ・マーフィー博士の「潜在意識理論」「自己実現法」などを30年に渡り研鑽。その成果法を伝えるべく、「惹き寄せの法則」「成功法則」の講師としても活躍。

2008年4月には、ニューヨーク・カーネギー・ホールで公演。ニューヨーク・国連本部・UNICEF代表者とも会談。印税の一部を寄付し続けている。2009年2月、エイベックスより『幸運Gift☆』で作詞と歌を担当し、歌手デビュー（デビュー曲はエイベックス＆マガジンハウス夢のコラボCD付Book『幸運Gift』として発売）。スピリチュアルな世界にも精通。

臼井式レイキ・ヒーラー。ホリスティック・レイキ・マスター・ティーチャー。

著書に、『幸運予告』（マガジンハウス）、『約束された運命が得動き出すスピリチュアル・ミッション』『人生の教訓』（以上、青春出版社）など多数。

★佳川奈未公式サイト
http://miracle-happy.com/

★佳川奈未オリジナルブランドグッズ通販サイト
『ミラクルハッピー百貨店』
http://miraclehappy-store24.com/

ブックデザイン・DTP　谷元将泰
編集　岡田タカシ（トランスワールドジャパン）

働かない働き方☆

2018年5月28日　初版第1刷発行

著　者　佳川奈未
発行者　佐野　裕
発行所　トランスワールドジャパン株式会社
〒1150-0001 東京都渋谷区神宮前6-34-15モンターナビル
TEL. 03-5778-8599 ／ FAX. 03-5778-8743
印　刷　三松堂株式会社

ISBN 978-4-86256-241-8